D1704871

Freddy Derwahl

Das Flüstern Gottes

FREDDY DERWAHL

# Das Flüstern Gottes

Begegnungen auf inneren Reisen

BONIFATIUS

**Bibliografische Information der Deutschen Nationalbibliothek**

Die Deutsche Nationalbibliothek verzeichnet diese Publikation in der Deutschen Nationalbibliografie; detaillierte bibliografische Daten sind im Internet über http://dnb.ddb.de abrufbar.

Wir danken „Vaticanmagazin" und Verlag Butzon&Bercker für einige Auszüge.

Covergestaltung: Weiss Werkstatt München

Covermotiv: © Weiss Werkstatt München unter Verwendung von
© shutterstock/oksana2010,
© shutterstock/shutting,
© shutterstock/sergio34

ISBN 978-3-89710-889-9

© 2021 by Bonifatius GmbH Druck · Buch · Verlag Paderborn

Alle Rechte vorbehalten. Das Werk einschließlich seiner Teile ist urheberrechtlich geschützt. Jede Verwertung außerhalb der engen Grenzen des Urheberrechtsgesetzes ist ohne Zustimmung des Verlages unzulässig und strafbar. Das gilt insbesondere für Vervielfältigungen, Übersetzungen, Mikroverfilmungen und die Einspeicherung in elektronische Systeme.

Druck: cpi-print.de

Bonifatius GmbH Druck · Buch · Verlag Paderborn

*Er flüstert, um gehört zu werden.*

Gabriel Ringlet

# Inhaltsverzeichnis

| | | |
|---|---|---|
| Vorwort | ...................................................... | 9 |
| 1. | In den Wäldern ................................. | 14 |
| 2. | Mariawald ........................................ | 19 |
| 3. | Chartres ........................................... | 25 |
| 4. | Der Einsiedler im Kastanienwald ............. | 32 |
| 5. | Athos, der Heilige Berg ...................... | 38 |
| 6. | Der Versöhner Frère Roger ................. | 48 |
| 7. | Stille Tage in Mazille ......................... | 56 |
| 8. | Gott hat mich gesucht ...................... | 61 |
| 9. | Auf jedem Sarg lag eine Rose ............ | 68 |
| 10. | Stille Audienz beim schwarzen Papst ........ | 77 |
| 11. | Unterwegs mit Anselm Grün ............. | 83 |
| 12. | Die Zärtlichkeit einer Frau ................. | 95 |
| 13. | Hingeworfen am Ende der Nacht ........... | 102 |
| 14. | Über die Höllenbrücke der Jakobspilger ... | 111 |
| 15. | Der nackte Fuß der Sünderin ............... | 117 |
| 16. | Die Nacht mit Isaak dem Syrer ............. | 130 |
| 17. | Der letzte Ritter von Ujué .................. | 140 |
| 18. | Ihre leuchtenden Augen .................... | 146 |
| 19. | Martin Luther und Mutter Oberin .......... | 153 |
| 20. | Gott blüht durch Überraschungen .......... | 161 |
| 21. | Die Bohème und der heilige Paulus ....... | 170 |
| 22. | Makarios und das leere Meer ............... | 179 |
| 23. | Winternacht in der Kartause ................ | 187 |
| 24. | Am Grab des Freundes ....................... | 195 |
| 25. | Zum Schluss: Die heilige Stille .............. | 202 |

# Vorwort

Über seine persönlichen Beziehungen mit Gott zu schreiben, ist immer abenteuerlich. Vielleicht täuscht man sich und hatte gar keine. Anmaßung schleicht heran. An sich ist man unwissend und verirrt sich in Traumbilder. Man möchte und kann nicht. Da ist viel Stückwerk an Erinnerung. Auch Scham, weil Wesentliches fehlt und die Neigung besteht, dem strengen Nachdenken oder gar Beten aus dem Weg zu gehen. Doch sind nicht Gebete der einzige Zugang? Wie war das mit uns, als ich vor deiner Stimme immer wieder weglief?

Bevor der Arbeitstitel über das „Flüstern Gottes" zum Titel wurde, habe ich lange nachgedacht. Über Flüstern zu schreiben ist eine schwierige Aufgabe, wer es nicht zerreden will, muss sich selbst in die strenge Stille begeben, im Leisen unterkriechen. Doch das Flüstern Gottes? Grenzt das nicht an ein Sakrileg? Es ist ein Versuch auf dünnem Eis. Den Blick und das Gehör geschärft für die Erfahrungen jener, die das Schweigen geübt und ausgehalten haben, bis es sich endlich leise offenbarte. Doch die Deutung fällt schwer: Wer bin ich denn, was weiß ich schon?

Als christlicher Autor stehe ich in der Pflicht. Als mein Freund, der Verleger Ralf Markmeier, vorschlug, „gegen allen Mainstream" ein Buch über Gottesbegegnungen in meinem Leben zu schreiben, hat mich das überrascht. Ich sollte Menschen, denen diese Fragen fremd sind oder die suchen und nicht zu finden glauben, einen Hauch von Ermutigung geben. Aus meiner Scheu wurde eine Herausforderung. Ich kannte Gott nur aus seinen Vorübergängen. Von jeder „Erleuchtung" weit entfernt, weiß ich aber Geschichten, die an das spannende Thema heranreichen. Vielleicht ist man gerade deshalb ein legitimer Zeuge, wenn man von staunenden Annährungen und Randerfahrungen zu erzählen wagt.

Mehr noch: Da war so etwas wie ein lebenslanger roter Faden der Beobachtungen. Meine eigenen Gotteserlebnisse waren schwierig, doch durfte ich die tatsächlichen bei Anderen ins Auge fassen, sie hinterfragen und beherzigen. Das weite Feld des Lebens und Schrifttums der Heiligen oder die intensive Gottsuche in den Klöstern boten dazu spannende Möglichkeiten. Da fanden Gespräche und Begegnungen statt, die sofort ins Eigentliche vorstießen.

Zentrales Ereignis wurde mein früher Wunsch, Mönch zu werden. Er war leidenschaftlich und schwach zugleich. Zum Widerstand gegen Verweigerungen fehlte es mir an Kraft. Die Hoffnung gab mich nicht preis, doch ich gab sie auf. Dann kam eine entscheidende Wende, die ich erst viel später begriffen habe: Ich hatte mich selbst und meinen Wunsch verlassen, aber ich war nicht verlassen. Nicht ich besaß die Hoheit über meinen Lebensweg, sondern er wurde mir in umgekehrter Richtung von dem „Ganzanderen" aufgezeigt. Ich hatte zu lernen, als eine Art Mönch mitten in der Welt zu leben und notfalls daran zu leiden wie ein Hund. Der orthodoxe Theologe Paul Evdokimov, bei dem ich oft Zuflucht suchte, nannte es „verinnerlichtes Mönchtum", es ist allein Herzenssache. Das Herz hat kopflose Gründe, sie tun bitterlich weh und können sehr glücklich machen.

Weder meine Frau noch meine fünf Kinder, noch meine Freunde und Freundinnen legten mir bei meinen Expeditionen Steine in den Weg. Ich begann zu begreifen, dass meine Lebenskurve auch eine Sehnsuchtskurve war. Der ruhige Gott begann das Leben zu beruhigen. Die stillen Zeichen waren sich sammelnde Orientierungen, für die es schließlich nur eine Richtung gab. Die Reisen mündeten in eine einzige, in eine innere Reise: Ich sollte über das geistliche Leben, das ich selbst nicht geschafft hatte, schreiben, berichten, erzählen und filmen, immer wieder, es ist eine endlose Geschichte, die Antwort auf eine Berufung mit anderen Mitteln.

So habe ich über Jahrzehnte hinweg Klöster, Abteien, Mönche und Einsiedler besucht. Zunächst die Trappisten in Mariawald, meine erste Liebe. Dann in Belgien die Abteien Chevetogne, Rochefort, Orval, Val-Dieu, das luxemburgische Clervaux, in den Niederlanden Benedictusberg, im bevorzugten Frankreich fast alle Zisterzienserklöster, im baskischen Spanien La Oliva, in Italien die Camaldoli, in

Griechenland mehrmals den Heiligen Berg Athos, in Rumänien die Moldauklöster, in Ägypten die Wüsten- und Einsiedler-Regionen, in den USA Genesee Abbey und schließlich in Algerien das Kloster der sieben ermordeten Mönche in Tibhirine sowie den letzten Überlebenden Frère Jean-Pierre am Hohen Atlas im marokkanischen Midelt.

Ich sprach mit den ganz Alten und den ganz Jungen, mit Äbten und einfachen Brüdern, mit Kranken und Sterbenden, mit Wissenschaftlern und Künstlern, mit Eintretenden und Gescheiterten, mit Einsiedlern und ihren Schülern und nicht zuletzt mit Nonnen und Schwestern. Vielleicht waren die Frauen in ihrer sensiblen Nachdenklichkeit die dankbareren Gesprächspartner. Ob steinalt gebeugt oder blutjung, da war immer Zuhören und Verständnis, die ich als mütterlich empfunden habe.

Dabei sind viele Tagebücher, Reisenotizen, Bücher, Bildbände und Fernsehreportagen entstanden. Immer war alles anders und doch ging es allein um das Eine: Gottessuche, Gottesnähe, Gottesstille, der leise, der flüsternde Gott. Eine amerikanische Reklusin schrieb, manchmal, wenn sie die tiefste Stille erreiche, „höre ich ihn hinter meinem Rücken". Ob ich diese Stille gehört habe, weiß ich nicht. Doch hörte ich, wie andere sie hörten.

Bei der Suche nach der elementaren Begegnung habe ich auch einzelnen heiligen oder heiligmäßigen Männern und Frauen eine besondere

Aufmerksamkeit geschenkt. Die an sie gerichtete Stimme Gottes verstummt, selbst kaum hörbar, nicht. Sie schwebt nach wie ein Lobpreis der Lebensüberwindung. Die Mystikerin und Patronin Europas Teresa von Avila in schmerzlicher Verlassenheit, der Wüsteneinsiedler Charles de Foucauld beim tödlichen Angriff auf Tamanrasset, der belgische Blutzeuge Jean Arnolds auf dem Schafott der Nazis und zur Jahrtausendwende die sieben „Schlafenden" auf dem Klosterfriedhof von Tibhirine. Sie alle lassen, nach ihrem dramatisch beendeten Leben, weiter aufhorchen.

So bin ich sehr dankbar, dass ich bei diesen intimen Gesprächen herausragender Menschen mit Gott ein Zeuge sein durfte. Ein überall wie ein Freund willkommener Begleiter durch geistliche Landschaften auf meist unbegangenen Wegen. Eigentlich liegt da der tiefere Grund der Entstehung dieses Buches: Die Kraft und die Freude des Glaubens an Gott den Menschen mitzuteilen: vor allem den Suchenden, den an ihm Leidenden oder nichts von ihm wissen Wollenden.

*Freddy Derwahl*
Eupen, am Aschermittwoch 2021

*Die Wälder waren, nach dem gütigen morgendlichen Lächeln meiner Mutter, mein erstes Erlebnis auf Erden. Eine Mischung aus Freiheit und Furcht. An sich eine Gotteserfahrung. Ich spürte große Stille, große Weite. An den Rändern verbreitete die Moorlandschaft des Hohen Venn eine Ahnung von Abenteuer, eine Sehnsucht nach Nähe und Ferne. Vielleicht sogar nach mehr. Sie bleibt für immer.*

## 1. In den Wäldern

Dem Wald war nicht zu trauen. Finster verlief seine Grenze dicht am Rand der ostbelgischen Stadt Eupen. Sie lag vor den Wäldern, es war nur eine kleine Distanz, doch herrschte Spannung. Die Tannen standen hoch aufgerichtet, fast eine Wand, auf die man schaute, und manchmal war es, als starrten daraus Augen zurück. Nachts vermischte sich ihre Front mit dunklen Wolken oder dem Sternenhimmel. Kamen die Stürme, wurden sie bedrohlicher, fiel das Mondlicht auf die Zweige, glich der Schein einem unheimlichen Signal aus der Höhe. Eine Blockhütte stand einsam beim Dickicht, eine Kanzel beugte sich zwischen alten Buchen über dem Abhang, unten im Tal rauschte der Fluss, die Hill. Ihr Name klang hell und schnell, ihre Quelle lag oben im Moor, nahe einer alten Römerstraße im Hohen Venn. Andere

Reviere, Wege und Bachläufe hießen Eiterbach, Blutacker oder Schwärzfeld, Unruhe stiftende Namen. Sie haben meine Kindheit geprägt, da war schon früh ein Herzklopfen, vom Wald ausgelöst, zugleich Wildnis und Märchenwald, Zuflucht und Verlies, großer Respekt.

Unsere Wälder reichten bis tief hinab in die Vogesen und erstreckten sich immer mächtiger über die Ardennen, bis sie an der belgisch-deutschen Grenze in ein grünes, nahezu heiteres Wiesen- und Heckenland übergingen. Bei den Wanderungen der Jugendgruppe machten wir uns das, was wir als Heimtücke gefürchtet hatten, vertraut. Doch als Fälle von Freitod an der Talsperren-Mauer bekannt wurden, die Mordkommission nach Gewaltverbrechern fahndete und unter Einsatz von Militär im winterlichen Wald Verirrte gesucht wurden, kehrte das Gefährliche dieser Landschaft zurück. Zwei Kinder verliefen sich im Hilltal und wurden erst nach Tagen von einem Holzfäller entdeckt. Zugeschneite Höfe mussten mit einem Nothubschrauber versorgt werden, die Tollwut der Füchse und die Wildschweinpest brachen aus.

Schlimmer als der „Schwarze Mann" war die Weite der Wälder. Als ein verheerender Brand in einer Sommernacht große Flächen vernichtete, waren die Feuerwände, wie ein Fanal, bis auf der Straße Kaiser Karls des Großen von Aachen nach Lüttich sichtbar. Das Wild flüchtete in die tieferen

Reviere. Die Gefahr blieb bis zum nächsten starken Regen bestehen, jederzeit konnte der Wind die Funken im glühenden Torfboden wieder anfachen.

Als letztes Jahr erstmals ein Wolf im Großen Moor auftauchte, löste das Bild, das einem Meisterfotografen gelungen war, einen Schock aus. Tief in den Menschen dieser Landschaft sitzt immer noch eine Spur jener Furcht aus Kindertagen, die ihnen von den Märchen der Brüder Grimm und von alten Legenden eingeflüstert wurde. Der Mythos Wolf verkörperte alles, was man sich hier an drohender Gefahr vorstellen konnte.

Doch war da auch eine völlig andere Seite, die in den Bann zog: die Schönheit, die Stille und Unberührtheit der Wälder. Wer den Weg unter den Buchen des Soortales hinauf stieg, spürte den Hauch einer anderen Zeit. Auf federndem Boden ging es ins Weglose. Das Pfeifengras im Hohen Venn bog sich im Herbstwind ockerfarben wie Savanne. Heidekraut und Birken säumten die Uferpfade. Pilze, Blau- und Preiselbeeren wurden gesammelt. In den Gräben sickerte das rote Torfwasser. Im späten November fiel der erste Schnee und verwandelte die unsichere Landschaft in einen glitzernden Hinterhalt. Kam Nebel auf, verschwand die Welt. Ging am Kreuz der Verlobten die Sonne unter, tauchte sie die Stätte des tragischen Todes eines jungen Paares in das Licht eines sakralen Ortes. Im Frühjahr blühten Narzissen und Wollgras. Dann wagte sich das junge

Rotwild aus dem Dickicht, beim geringsten Geräusch die Lauscher gespitzt, die feuchten Riecher in die Windrichtung, die nicht trog und die Muttertiere mit ihren Kitzen in eleganten, federleichten Sprüngen zurück in die Verstecke trieb. Die Stille kehrte zurück und nur noch die Vennbäche, die von der ehemaligen Baraque Michel und der Eifelgrenze zu Tal eilten, verrieten mit ihrem monotonen Rauschen die Wegstrecke. Ihr im Altweibersommer zu folgen, war ein grandioses Erlebnis, die Waldgänge führten auf Holzwegen ins Unbegangene.

Die Stille der Wälder war gewaltig. Sie wirkte wie ein Schock. Auch ihr traute man alles zu, so als beginne an ihren Nahtstellen ein unheimlicher Bezirk. Unsere Kinderphantasie malte sich darin eine rückzugslose Tiefe aus, die Welt hatte ihr letztes Wort gesprochen. Kein Wort mehr, kein Wort. Selbst wenn die hohen Tannen eine Handbreit Himmel freigaben, auf dem der Kondensstreifen eines Flugzeugs verkümmerte, drang der Düsenlärm nicht bis in die Tiefe. Am Rand des Verlorenseins nur Waldesstille, die im Spiel des Windes ihre tieferen Schichten preisgab. Noch ein Grillengezirp, noch ein Fliegenschwarm, ein stürzendes Blatt, dann ergriff die Stille radikal Besitz.

Es herrschte das Reich einer Verborgenheit, die alles zulässt. So waren die Mordfälle, die manchmal erst nach Monaten aufgedeckt wurden, von bestürzender Grausamkeit, überfallartig wurde erstochen und erschlagen, selten fiel ein Schuss, er hätte verraten. Auch ließen sich die Täter in der Abgeschiedenheit Zeit, um ihre Spuren zu verwischen, manche Leiche wurde erst durch ihren Verwesungsgeruch tief im Unterholz entdeckt. Wer hier dieser Untaten gedenkt, spürt Unruhe, vielleicht ist man selbst ein längst erspähtes Opfer, vielleicht grinst drüben hinter den mächtigen Bäumen bereits das Böse mit geschliffener Waffe.

Als ich bei Hemingway las, die Wälder seien „Gottes erste Kirchen", habe ich das als eine starke Bestätigung empfunden. Da war eine Annäherung an das Mysteriöse. Die hohen Buchen erschienen wie gotische Säulen abendländischer Kathedralen, die Sonne im Blattwerk wie das Leuchten vor dem Allerheiligsten. Ich war glücklich zu spüren, dass es nur Gott sein konnte, der seine Hand im Spiel hatte. Es war ein Gott der Urzeiten, der an der geduldigen Stille unserer Kirchen Gefallen fand. Hier herrschte die Macht seiner Nähe, das Verborgene und das Weite, das im Dunkel glühende Heilige. Die Wälder waren voller Gottesspuren. Stille als biblisches Zeichen: Wie vor dem brennenden Dornbusch. Die Verklärung reichte bis in die Geschichte des Elias zurück, dem ein „sanftes verschwindendes Säuseln" blieb, als Gott an seiner Höhle vorüberzog. Jesus ist im Schutz der Nacht auf den Berg Tabor in Galiläa gestiegen um zu beten. Welch erschütternde Szene: Der Sohn Gottes will nichts als die Stille und zieht sich in sein Eigenes zurück.

*Mariawald war meine erste Liebe. Bereits mit 14 wollte ich in die strenge Trappistenabtei in der Eifel eintreten. Der einzige Beweggrund war nach schmerzlichen Todeserfahrungen die Losung „Gott allein". Die Angst vor einem Leben ohne Gott hatte diese extreme Neigung ausgelöst. Nichts schien mich aufzuhalten. Ich wollte gleich dahin aufbrechen. Es sollte anders kommen, doch die Sehnsucht blieb und das Kloster ein existenzieller Ort.*

## 2. Mariawald

Der Name des einzigen deutschen Trappistenklosters, Mariawald, schloss sich den frühen Walderlebnissen nahtlos an. Die Kindheit war zu Ende gegangen, der Wald als Gotteszeichen, tief und mysteriös, jedoch geblieben. Maria stand für das stille Unbegangene, sie trat weihnachtlich aus dem Dornwald, er trug ihren Namen. Die hinter hohen Mauern lebenden Schweigemönche verbreiteten wie die finsteren Reviere leise Schrecken und Faszination. Nur hinter einem hohen Gitter konnte man sie sehen, wenn sie in einer langen Prozession die Kirche verließen; manche mit dem runden Haarkranz der Tonsuren auf dem kahlen Schädel oder mit hochgezogenen spitzen Kapuzen. Es war wie eine Mischung aus dem geheimbündlerischen Ku-Klux-Klan und der martialischen

Fremdenlegion. Kamen oder gingen sie, brannten am Hochalter Kerzen. Die Glocke schlug heftig, sie hatte etwas Alarmierendes, wie eine Sturmwarnung.

Alles schien riskant, doch habe ich mich daran nicht satt sehen können. Noch war keine Ahnung vom eigentlichen Sinn dieser liturgischen Choreografie, doch vermittelte sie das Bild einer geschlossenen und entschlossenen Männergemeinschaft, die couragiert aus der Welt trat. Meine Eltern, die uns zum Sonntagsausflug in die Abtei mitnahmen, hielten die Mönche für „verrückt"; es empörte mich, sie hatten nichts verstanden. Auch ich „verstand" nicht viel, doch schlimmer, da war eine Ahnung, milde und unheimlich zugleich, sie provozierte ängstliches Staunen und zog zugleich mächtig an. Leise bebte die Erde, als ziehe der Schatten Gottes vorüber.

Auf der Eifelstraße, vom Rursee nach Monschau, habe ich mich noch Jahrzehnte später nach dem schon fernen Kermeter-Hochwald umgesehen, aus dessen Tannen die weiße Front der Abteikirche von Mariawald herausstach. Wald und See waren dunkel, das weiße Gemäuer strahlend rein. Ein flackernder Stern in finsterer Nacht, von der Welt umschlossen, blieb er sichtbar. Das demütige Licht hatte etwas mit Treue zu tun, es konnte nur die Treue Gottes sein: „Fürchtet euch nicht!"

Als ich während der Genesung nach einer Masernerkrankung im Sammelsurium einer alten Pralinenschachtel die Broschüre „Die weißen Mönche von Mariawald" entdeckte, sollte dies weitgehende Folgen haben, denn der Autor, P. Andreas Schmidt, gab als Grund für dieses „verrückte" Leben nur zwei Worte an: „Gott allein". Es war ein Schock und eine lebenslängliche Offenbarung. Ich war damals 12, doch wirken die beiden Worte noch immer. Dass eine Radikalität über mich hereinbrach, von deren Höhen und Abstürzen ich keine Ahnung hatte, liegt in dieser Offenbarung Gottes begründet. Wer sich auf sie einlässt oder es zumindest versucht, wird es weit bringen, auch dahin, wohin er nicht will. Kindliche Ängste hatten bisher mein Leben überschattet, vor allem der Tod erschütterte mich, nachdem ich meine Großmutter, die ich über alles liebte, aufgebahrt im Sarg gesehen hatte. All ihre Güte blass und erstarrt, die Kränze, Tannengeruch, da war er wieder, der Wald. „Gott allein" blieb der einzige Ausweg, die Rettung.

Julien Greene, der selbst in die Nähe des Mönchtums geraten war, schrieb dazu in seinem Tagebuch „Was an Tagen noch bleibt" den erschütternden Satz: „Wer berufen ist, bleibt berufen, weil er dem Ruf nicht gefolgt ist." Worte, die mein Leben begleiten, fast ein Verdikt, doch so ist die Erinnerung an erste Liebe. Sie ist schmerzlich und schön zugleich, kein Verrat gibt sie preis, leise wie sie kommt, verschwindet sie wieder. Ich war der Heftigkeit dieser Liebe nicht gewachsen und doch nicht ganz von ihr verlassen. Die Formen änderten sich, das

Eigentliche blieb. Sie war reines Geschenk, Gott nimmt seine Geschenke nicht zurück, er verwandelt sie für andere Feste.

Mein Wunsch, dem Ruf der Trappisten von Mariawald zu folgen, stieß auf den heftigen Widerstand meiner Eltern. Meine Mutter weinte bitterlich und verkündete ihren baldigen Tod. Mein Vater ging energisch vor, verbot mir jeden Kontakt und zensierte meine Lektüre. Es waren schlimme junge Jahre. Keine Gebete, keine Aussprache halfen, uns gemeinsam waren nur die Tränen. Etwas Fremdes war zwischen uns getreten, es verlangte einen anderen Frieden. Als ich das Risiko einging, mich 16-jährig für drei Tage aus einem Jugendlager zu entfernen und per Anhalter 50 Kilometer zur Abtei Mariawald zu fahren, blieb dieses Abenteuer lange unbemerkt. Das letzte Stück führte zu Fuß durch den Wald und wie in der Kindheit fürchtete ich hinter jeder Wegbiegung die plötzliche Begegnung mit dem Schrecken. Doch dann lichtete sich das Dickicht und gab den Blick frei auf die weiße Klostermauer: Ankunft, Stunde des Glücks.

Ich folgte der Heiligen Messe und den Nachtwachen von der Empore, schuftete mit den Novizen im Heustall, erzählte den Oberen meine sonderbare Geschichte. Sie lächelten über mein Alter und empfahlen demütige Geduld. Die mich tief prägende Szene war ein Novize, der sich auf den Boden vor einer Kreuzwegstation hingeworfen hatte. Sie fasste alles zusammen, was ich mir unter diesem Leben vorstellte: radikale Hingabe an den „Gott allein". Andere Entdeckungen bargen weiter den Zwiespalt meines Waldgangs, Staunen, leise Furcht, Faszination: die mit Strohhüten im Gänseschritt zur Feldarbeit ziehenden Mönche; ihre überlebensgroßen Schatten kurz vor drei Uhr im Kreuzgang unterwegs zum Nachtoffizium; die anschließenden stillen Messen im Halbdunkel der Seitenkapellen; die sich in braunen Kutten vor dem Abt tief verbeugenden Brüder; die Stundengebete und ihr melodisches Summen. Besonders erschrak, dass sich die Mönche freitags nach der Vigil in ihren in einem nach oben geöffneten Schlafsaal befindlichen Zellen selbst geißelten. Der Novizenmeister nannte es „Disziplin" und sagte: „Es fließt kein Blut dabei." Hier herrschte militärische Härte. Sie übten sich in einer Strenge, als wollten sie Gottes Nähe erzwingen.

Erst zur Nacht, die bereits um 19.30 Uhr begann, löste sich die Strenge beim Gesang des „Salve Regina". Es ist ein flehentlicher Ruf an die „Mutter der Barmherzigkeit". Alle Lichter erloschen, allein vor der Madonna flackerte eine Kerze. Da waren im zärtlichen gregorianischen Gesang die Worte vom „Weinen und Klagen im Tal der Tränen". Ein letzter Gruß an „unsere Frau der Hoffnung", sie möge „uns nach diesem Elend Jesus zeigen". In allen Klöstern des Ordens endet mit diesem Ritual der Tag. Die Nacht ist gekommen, die Stunde der Sehnsucht.

In der Eupener Marienkirche habe ich an einem Winterabend gebetet für die Erlaubnis, in Mariawald einzutreten. Vielleicht war es das glühendste Gebet meines jungen Lebens. Solche Gebete werden immer erhört, doch manchmal nicht auf die Weise, wie wir es uns vorgestellt haben. Die Erlaubnis der Eltern ist nie erfolgt, als sie starben, war es zu spät. Die Gnade wartet nicht, sie kehrt auf anderen Wegen zurück. Ich trat in ein Leben mit einem Riss, der so tief ging, dass er nie mehr ganz heilen würde. Was immer auch geschah, wohin ich mich auch von dieser Sehnsucht entfernte, sie kam still und leise zurück. Viel wichtiger als das Schweigen und die strengen Observanzen der Trappisten blieb die Losung „Gott allein". Ich hatte noch zu lernen, dass sie auf andere Weise auch in der tobenden Welt unsere Herzen berührt.

*Der Kathedrale von Chartres darf man alles zutrauen. Alljährlich machen sich in Paris tausende Jugendliche auf den Weg. „Nur noch die Füße beten", schrieb der Nobelpreisträger François Mauriac. Tief unten in der Krypta befindet sich die „Schwarze Madonna". Wir gehörten zur jungen 68er Generation und trugen Kreuze, die Studentinnen flochten Feldblumen in ihr Haar. Nicht Bob Dylan sang, wir sangen Marienlieder.*

## 3. Chartres

Das Pfingstwochenende 1969 war in Paris ein Ereignis. 15.000 Studentinnen und Studenten versammelten sich in der Frühe vor dem Bahnhof Montparnasse. Die Barrikaden des putschartigen Monats Mai des Vorjahres waren noch nicht vergessen, und doch schien alles ganz anders. Keine Demonstranten skandierten auf den Straßen, keine roten Fahnen und weltrevolutionären Spruchbänder. Keine „Internationale" erschallte, niemand erhob die Faust. Weder Schlagstöcke noch Wasserwerfer, noch Tränengas. Es war kein Aufmarsch, sondern eine friedliche Abfahrt im Regionalzug, der die Wartenden hinüber nach Palaiseau ins Département Essone bringen sollte, dem Wohnort des Dichters Charles Péguy. Er war hier im Sommer 1913 zu einem Abenteuer aufgebrochen, das über ein Jahrhundert hinaus Folgen haben sollte. Péguy hatte ein Gelübde für die Heilung seines schwer kranken Sohnes abgelegt und pilgerte zur Schwarzen Madonna in der Kathedrale von Chartres. 100 Kilometer in glühender Hitze, vier Tage hin und zurück über Nationalstraßen, Dorfplätze und Bauernpfade. Es war ein erschütternder Pilgerweg in der Einsamkeit. Bald danach brachen befreundete Dichter und Künstler auf. Es folgten das junge Frankreich und seine europäischen Freunde.

Péguy war einer der ersten, der im September 1914 in der Marneschlacht durch einen Kopfschuss fiel. Erst wenige Monate zuvor hatte er die Sakramente empfangen. Sein Tod löste nach dem Krieg neue Chartres-Wanderungen aus, der sich immer mehr Menschen anschlossen. Vor allem die Studenten der keineswegs religiös engagierten Sorbonne-Universität machten sich auf den langen Weg. Es herrschte Umbruchzeit: Die kurze, dramatische Lebensgeschichte des Dichters rüttelte auf, seine poetischen Hymnen an die Muttergottes von Chartres kannten die jungen Menschen auswendig, sie trafen auf eine labile Ruhe. Da waren die kaum beendeten Materialschlachten und die Milde der Muttergottes, die frischen Gräber der Soldatenfriedhöfe und dann die appellierenden Marienlieder, „jetzt und in der Stunde unseres Todes". Damals wie heute waren junge Menschen unterwegs, statt Waffen trugen sie

Kreuze und Kornblumen. Über die wogenden Felder der Beauce fuhr der heiße Wind.

Die Herzen waren aufgewühlt und ringsum in der weltanschaulich umkämpften Literatur hatte eine kaum für möglich gehaltene Bewegung begonnen, die „Katholische Erneuerung" genannt wurde. Die Philosophen Henri Bergson und Jacques Maritain bereiteten das Feld gegen die kirchenfeindlichen Propheten der Aufklärung. Sie kämpften um das Herz des Menschen, das Wesen der Person gegen die alles erklärende Wissenschaft. Es kam zu Aufsehen erregenden Konversionen: Léon Bloy, Ernest Psichari, dann geriet der verarmte Sozialist Charles Péguy in den Sog wie schon zuvor Jan-Yoris Huysmans und bald Paul Claudel, Georges Bernanos, François Mauriac, Julien Greene oder auch der Maler Georges Rouault.

Wenn man es kritisch bedenkt, herrschte im Vorfeld der Katastrophen eines noch mörderischeren zweiten Weltkrieges so etwas wie ein literarischer Ausnahmezustand, eine Gotteszeit, die vor dem Aufmarsch von Kommunisten und Nationalsozialisten auch eine Marienzeit war. Das Sonnenwunder von Fatima ließ aufhorchen; in La Salette und Lourdes waren zuvor Aufsehen erregende Zeichen geschehen. Das Schreckliche stand dem Zarten gegenüber. Millionenfaches Blutvergießen und eine Kindern erscheinende „schöne Dame". Letzte Worte bevor das Böse hereinbrach, zeitlos alles Unheil übertreffend.

Als wir an jenem Tag im Mai 1969 mit Rucksack und Wanderschuhen zur Kathedrale von Chartres aufbrachen, waren wir dreißig Studenten der Technischen Hochschule Aachen, die sich unter die internationale Pilgergemeinschaft mischten. Auch Juden, Moslems und Buddhisten gehörten ihr an, die „nur einfach mitsingen" wollten ... Über das Leben Péguys, die literarischen Zusammenhänge oder das vollendete Gesamtkunstwerk Chartres wussten wir nicht all zu viel. Doch gab es Andeutungen. Da hatte ein armer Poet für sein sterbenskrankes Kind seine Knochen hingehalten und sich nach einem zweitätigen Leidensmarsch vor die Schwarze Madonna geworfen. Unsere Abenteuerlust sollte nicht enttäuscht werden, es gab keine romantischen Auswege mehr. Jeder Schritt wurde zu einem Gebet, François Mauriac schrieb: „Wir können nicht mehr beten, nur unsere Füße beten." Hunderte Male „Ave Maria" zu singen, hatte sich niemand vorstellen können, jetzt floss der Gruß des Engels von unseren Lippen, die Perlen des Rosenkranzes wurden zu einem Halt, wenn der Horizont der immensen Felder keinen Blick auf eine Ankunft preisgab.

Neben mir marschierten ein schwer atmender farbiger Priester aus Princeton und zwei deutsche Studenten der protestantischen Theologie, die, wie schön, am berühmten Pariser „Institut Catholique" Sonderkurse belegten. Kamen die Gespräche, verwiesen die jungen Deutschen immer wieder auf „das Schweigen Gottes". Sie hatten viel Dietrich Bonhoeffer und Karl Barth gelesen und erkannten im schweigenden Gott nach all den Katastrophen des Jahrhunderts endlich eine Chance für das Eigentliche. Allein die Stille Gottes. Gott allein. Hier wirkte existenzieller Tiefgang, konfessionelle Unterschiede verblassten. Ich hatte mich in Aachen an kalten Wintertagen mittags in die Bibliothek der Protestantischen Theologie mit den Büchern von Oscar Culmann und Louis Bouyer zurückgezogen. Es waren Entdeckungen. Luthers Marienverehrung beeindruckte. Frère Roger Schutz´ zeichenhafter ökumenischer Aufbruch in Taizé faszinierte. Jetzt, auf der staubigen Straße nach Chartres, zwischen Mariengebeten mit der ernsten Gottsuche der beiden Deutschen konfrontiert zu werden, war ein Freiheits-Erlebnis, das für immer geblieben ist. Hier herrschte eine strenge, schnörkellose Frömmigkeit, die sich, aller dogmatischen Finessen und Kleingläubigkeiten ledig, an einen „nackten Gott", an einen Schmerzensmann richtete. Péguys Worte ließen keinen Zweifel: „Wir gehen hier nicht aus Tugend, denn wir haben keine. Nicht aus Pflicht, wir mögen sie nicht. Wir sind wie ein Schreiner, der seinen Kompass auf die Mitte seiner Misere richtet, hinein in die Achse seiner Verzweiflung. Aus dem Bedürfnis, noch unglücklicher zu sein und das heftige Böse zu ertragen."

Das sind starke Worte in einem „Gebet des Vertrauens", das der Dichter auf dem Vorplatz der Kathedrale von Chartres niederschrieb. In der Weltliteratur eines der schönsten Gedichte über die überwundene Versuchung. Hier spricht eine Gottesnähe, die aus großer Not stammt. Mehr noch als sein krankes Kind, mehr noch als seine finanzielle Misere quälte ihn, dass seine Frau seiner Bekehrung zur katholischen Kirche nicht folgen konnte und er aus Rücksicht dem Empfang der Sakramente fernblieb. Schlimmer war jedoch seine Liebe zu der jüdischen Studentin Blanche Raphaêl, eine leidenschaftliche Versuchung, von der er in den Feldern beim ersten Blick auf die Türme der Kathedrale erlöst wurde. „Hier", so schrieb er in sein Tagebuch, „kann sich der Mensch nicht mehr vor Gott verstecken. All meine Unreinheiten verschwinden mit einem Schlag."

Die einsame Seele und der grenzenlose Himmel: das ist Chartres immer noch.

Den langen Weg haben wir alle wie eine Verklärung „auf rauen Wegen zu den Sternen" gespürt. Die Eucharistie erlebten wir auf einer Waldlichtung im strömenden Regen. Die Monotonie des Marsches verwandelte sich in eine sehnsüchtige Melodie. Wurde der Schmerz stark, erschienen die erneut auftauchenden Türme wie eine Verheißung. Wir wurden geführt, kein Raum mehr für Kindheitsphantasien und Grübeln über meine erschütterte monastische Berufung. Aber welches Glück dabei zu sein: „Gott allein" war geblieben. Kein Zweifel, er sollte für immer bleiben. Jetzt, als wir uns im Abendrot unter kräftigen Glockenschlägen dem Portal näherten, spürten wir, wie sehr der Schweigende in der Emotion der Ankunft anzog. In Stein geschlagen das Geheimnis der Menschwerdung, Christus der Herr der Geschichte, Maria als Schmerzensmutter und Sitz der Weisheit, Hiob als Zeichen der Passion, die Symbole der Evangelisten, Engel, Adler, Löwe und Stier. Immer wieder David, auch nach dem Ehebruch mit Batseba. Alle Zeugen der Heilsgeschichte, begreifbar und greifbar. Das Steinalte trägt das Herrlichneue auf den Schultern.

Ein Einzug, wie man sich das Ende der Himmelfahrt vorstellen darf. 176 durch die Zeiten vor Zerstörung und Flammen gerettete Glasfenster im „Chartres Blau", unnachahmlich das Schweigen im Licht eines flutenden Flüsterns. In der Tiefe eines Labyrinths der gallisch-römische Brunnen der „starken Heiligen". Und dann endlich die „Liebe Frau unter der Erde", die Schwarze in der Nische, allen Gebetsbestürmungen seit Jahrhunderten ausgesetzt, in Birnbaumholz geschnitzt ein mildes Lächeln. Keine Not mehr, nur noch die Wucht der Stille.

*Der ehemalige Kölner Philosophie-Student Gabriel Bunge hat einen langen Lebensweg hinter sich. Wege und Umweg, doch immer wieder angefacht von der Sehnsucht: das Heilige und den Heiligen berühren. Der Protestant wechselte zur katholischen Kirche, wurde Benediktiner-Mönch in Meschede und Chevetogne, zog als Einsiedler in die Tessiner Berge und schloss sich schließlich der russischen Orthodoxie an. Ich bin sein ältester belgischer Freund.*

## 4. Der Einsiedler im Kastanienwald

Die Begegnung mit Gabriel lag an einer Schnittstelle meines Lebens. Der Wunsch, selbst ins Kloster einzutreten, scheiterte am Druck meines Elternhauses und an meiner Unfähigkeit eines geduldigen Widerstands. Zugleich begann die Studienzeit, nach all den Bedrängnissen so etwas wie die große Freiheit. Alles sehr bewegende Jahre, den Stürmen und Verlockungen des Mai ´68 ausgesetzt, eine Zeit der Liebschaften und Freiheitsillusionen, fern von Gott, doch er nicht von mir.

Mein Freund, der Mönch Gabriel, den ich im Herbst 1963 im Garten des belgischen Benediktinerklosters Chevetogne kennengelernt hatte, übernahm in dieser Zeit die Rolle eines „Schutzengels". Allein schon sein Name: Gabriel, das ist der Engel der

Verkündigung, ein Mitwisser des Geheimnisses der Menschwerdung und sein stiller Bote. Dieser Engel ist ein konspirativer Gesandter. Das, was er zu sagen hat, kommt leise und kurz gefasst. Seine letzten Worte zur erschütternden Sache der angekündigten Schwangerschaft: „Bei Gott ist kein Ding unmöglich."

Fast vierzig Jahre lang war Gabriels Mitleidenschaft von einer großen Diskretion und allein auf das Wesentliche konzentriert: „Lass dich von Gott wieder finden." Dieser Schutzengel im schwarzen Mönchsgewand waltete mit stiller Hand an den zunehmend dramatischen Standorten meines Lebens. Zugleich öffnete er in der Zeit des II. Vatikanischen Konzils den Blick auf die Schönheit der Weltkirche.

Auf den Waldwegen von Chevetogne sprach er zum ersten Mal die Begriffe „christlicher Orient" und „Wüstenväter" aus. Die Namen der protestantischen Theologen Karl Barth oder Dietrich Bonhoeffer wurden mir vertraut. Es war eine der Ökumene verpflichteten Kirche des Mutes und der Demut. Das Katholische war nicht der Name einer Konfession, sondern das „katholos", das Heilige und Ganze umfassend. Gabriel liebte den Begriff „pneuma" und nannte ihn den „Anhauch Gottes". Seine einsamen Gebete galten einem schweigenden, einem leisen, einem flüsternden Gott.

Im frankophil ausgerichteten Kloster bildete er eine ernsthafte deutsche Ausnahme. Erst wenn das

Vertrauen gesichert war, leuchtete er auf, mehr weise als wissend und bisweilen von einem lebensfrohen kölschen Humor. Dann lächelte er: „Et hätt noch emmer joot jejange ..." Er stammte aus einem wohlhabenden protestantischen Elternhaus. Für die Konversion zur katholischen Kirche forderte sein Vater eine angemessene Wartezeit. Dann trat er gleich in die westfälische Abtei Meschede ein, bevor eine Griechenland-Reise sein Interesse für den christlichen Osten weckte und er zu den ökumenischen Benediktinern nach Chevetogne wechselte: zwei Riten unter einem Dach, die lateinische und die orientalische Liturgie.

Von ihm selbst wusste man nicht viel mehr, als dass sein ganzes Interesse den „Vätern" galt, den in den ägyptischen Wüsten im 3. und 4. Jahrhundert versteckt lebenden Asketen. Radikal auf Gott ausgerichtete Sucher, darunter auch zur Heiligkeit strebende ehemalige Räuber, Huren und Ehebrecher. Über deren Schriften entwickelte er sich zu einem großen Kenner. Seine Entdeckungen betrachtete er mitunter als „ganz kostbare Sachen", mit denen man sich allerdings „nicht auf die Bühne stellt". Als sein Abt ihm zunächst den Rückzug als Einsiedler verweigerte, sah er sich einem schmerzlichen Kampf ausgesetzt. Dass man ihn dahinein tragen würde, hatte er nicht erwartet, dass es jedoch so schlimm kommen würde, gehört zu seinen persönlichen Erfahrungen der Erniedrigung, der Heimsuchung und des Sich-leer-Machens. Sein Weg in die Wüste, allein mit Gott, war raue und harte Realität.

Erinnerungen an meine ersten Besuche oben im Kastanienwald: Er hatte dort einen jener kleinen Ställe bezogen, in denen die Bergbauern im Herbst ihr Vieh zusammentrieben. Alles war noch zu richten. Der Wind pfiff durch die Ritzen. Die Winter waren schlimm. Da saß er in seiner engen Zelle, ein Büchertisch und ein Bett, nebenan hinter einem Sackvorhang die kleine Kapelle, wo wir vor den Ikonen am Stehpult die Psalmen beteten. Einzelheiten über Nachtwachen und andere asketische Übungen kamen nicht zur Sprache. Nie ein Wort der Klage, vielmehr bei ihm, dem Meister im Editieren frühchristlicher Texte, keine weißen Schreiberhände mehr, eher eine ungewohnte Seite des Handwerkens und Anpackens. Holzhacken, Garten- und Küchenarbeit neben langen Liturgien, Stunden- und Nachtgebeten.

Noch hagerer wurde er, im Laufe der Jahre auch etwas gebeugt. Der lange Bart eisgrau, wüstenväterlich. Über der Stirn das schwarze Kopftuch mit dem kleinen gestickten roten Kreuz. „Wenn man dieses Leben liebt", sagt er rückblickend auf all die Prüfungen der langen Einsiedlerjahre, „kommt einem der Preis gar nicht sonderlich hoch vor." Die einsame Zeit hatte ihn für das Alleinsein mit Gott gestärkt.

Doch war da auch eine andere Entdeckung. Sie hat wesentlich mit dem Namen des um 345 geborenen Eremiten Evagrios Pontikos zu tun, der sein Lehrmeister wurde. Die Anziehung durch den Osten wurde stärker. Evagrios war eine der großen Hoffnungen der frühen Kirche. Seine verheißungsvolle Karriere fand allerdings ein abruptes Ende, als er von der Passion der Frau eines hohen Beamten verfolgt wurde. Er floh nach Jerusalem und entschied sich nach einer kuriosen Krankheit für das Mönchtum. Das war damals gleichbedeutend mit dem Auszug aus „der bewohnten Welt". Nach zwei Jahren auf einem Berg in der Wüste Nitra südöstlich von Alexandria zog er sich für den Rest seines Lebens 18 Kilometer weiter in die noch strengere „Kellia" zurück, wo er am orthodoxen Weihnachtsfest, der Epiphanias, im Jahr 399 starb.

In den Besuchszeiten empfängt der Einsiedler Gabriel zahlreiche Hilfesuchende. Immer wieder überrascht ihn die Ehrlichkeit von Menschen, die mitten im Leben stehen. „Da legt man die Hand auf den Mund, ja, und wird bescheiden." Die Demut der beichtenden, sogenannten einfachen Leute ist für ihn eine große Schule. Er vermisst diese Ehrlichkeit und Demut in der Kirche, hinauf bis in höchste Ämter. Da bahnt sich ein schwerer Konflikt an, der trotz seiner guten Beziehungen zu verschiedenen Kardinälen zu seinem Übertritt zur russischen Orthodoxie führt. Die russischen Freunde umarmen ihn von Herzen. Seine Taufe wird im Fernsehen gezeigt. Ich habe ihn selten so glücklich gesehen.

Auch in seiner neuen Funktion als Archimandrit vertraut Gabriel seiner spirituellen Erfahrung sowie dem illusionslosen Zeugnis der Väter. Die „Gedanken" nennt er „Einfallschneise und Kampffeld des Dämonischen, des großen Widersachers und seiner Einflüsterungen". Er wundert sich über den Aufwand, den die Medien um Satanismus, Okkultismus oder Besessenheit treiben, die Schriften der alten Väter seien konkreter und nüchterner: Eigenliebe bezeichnen sie als „Alleshasserin", deren Angriffe lehren, dass „dahinter jemand die Drähte zieht". So hat er gelernt, dass auch im Mönchtum niemand sicher ist, Antonios der Große mahnt, mit Versuchung zu rechnen „bis zum letzten Atemzug". Gabriel kennt schreckliche Lebensläufe von Mitbrüdern, die in den Gossen der Städte endeten. „Wenn man allein lebt", sagt er, „werden diese Dinge klarer". Das ist der Sinn des Lebens der Einsiedler, dass man das Beherrschen lernt „und mit Gottes Hilfe, soweit das in diesem Leben möglich ist, befreit wird". Was ich von ihm gelernt habe? Beten. Der Ort Gottes ist der Ort des Gebetes, er steht allen offen. Er ist der Zustand innerer Stille, der Herzensstille: Gott alles in allem.

*Auf einem 2000 Meter hohen Berg in Nordgriechenland liegt das Ende der Welt. Mehr als tausendjährig, kaum erreichbar. Hier ist alles anders: die Zeitrechnung, die Nachtwachen, das Frauenverbot, das Fasten und das Schweigen der Mönche und Einsiedler. Sie sind so gerade noch in der Welt, jedoch nicht von der Welt. Für manche ist es sogar schon der Vorgarten des Paradieses. Von 1975 bis zur Jahrtausendwende habe ich den Athos fünf Mal besucht. Tagelange Märsche von den Großklöstern Dionysiou und Große Lawra bis zur stürmischen Kapregion der Eremiten. Lauter Abenteuer.*

## 5. Athos, der Heilige Berg

Seit meiner Freundschaft mit Gabriel hat mich mein Interesse für die Ostkirche nicht mehr verlassen. Ich wollte sogar übertreten, doch der orthodoxe Aachener Bischof Ephmenios lehnte es freundschaftlich ab. Statt Taufwasser schenkte er mir eine Flasche Ouzo. Die Anziehung des östlichen Christentums blieb. Dann entdeckte ich die Reiseerzählung von Erhard Kästner „Die Stundentrommel vom Heiligen Berg Athos": unwiderstehlich. Am 21. April 1970 landete ich mit zwei Freunden in Thessaloniki.

Punkt zehn legt das Fährschiff „Axion Estin" mit einem klagenden Hupsignal im kleinen Fischerdorf

Ouranoupolis ab. Sein Kurs: Karyes, der Hafen des Heiligen Berges Athos, dem Mönchs- und Einsiedlerreservat am östlichen Finger der griechischen Halbinsel Chalkidiki. Schöner denn je krümmt sich der grüne Bergrücken die Steilwände empor. Es ist Mitte April, überall verschwenderisches Blühen. Bald treibt Seewind durch die Eichenwälder der russischen Klosterruine von Chromitsa und gibt den Blick auf den Gipfel preis. Auf knapp 2000 Meter funkeln die letzten Schneefelder. „Aghion Oros", die mythische Höhe, das Heiligtum der Orthodoxie.

Die Stunde der Ankunft hat magische Kraft. Seit zwei Jahren habe ich sie herbeigefiebert. Der Briefwechsel zwischen Martin Heidegger und Erhard Kästner über den Athos hat mich fasziniert. 1963, zum 1000-jährigen Bestehen, schrieb Irenäus Doens ein Mönch aus Chevetogne eine zweibändige Bibliografie, einen besseren Berater konnte ich nicht haben. Seine Empfehlungen für das komplizierte Einreiseverfahren waren wie eine kostenlose Eintrittskarte. Einmal durch die Kontrollen der Passbehörde begann ein Abenteuer, eine Reise zurück ins Mittelalter.

Das Hochfest des Athos ist am 1. August der Verklärung Jesu geweiht. Der Evangelist Matthäus berichtet, dass der Herr den drei Jüngern Petrus, Jakobus und Johannes in einem blendend weißen Kleid erschien, sein Gesicht leuchtete wie die Sonne. Die mysteriöse Szene erschüttert die Mönche bis zum heutigen Tag. Bereits am Vortag des Festes steigen sie auf den Berg und warten die Nacht über auf das erste Schimmern des Morgenrotes am östlichen Himmel. Dann brechen Schreie aus, die Jüngsten klettern auf das Gipfelkreuz. In der aufsteigenden Sonne erscheint der Herr ... Jetzt werfen auch sie sich mit dem Gesicht zu Boden, die Arme ausgestreckt in Kreuzesform küssen sie die Erde.

„Proskynensis", so lautet der Name dieses aus dem alten Orient stammenden Rituals, das nicht mehr als Ehrerbietung den Königen und Mächtigen gilt, sondern als demütige Liebesbezeugung für den im Gebirge flüsternden Gott. Es ist eine einsame nächtliche Gebetsübung, die je nach sportlicher Form dreißig bis fünfzig Mal wiederholt wird.

Im nächsten Kloster, dem des heiligen Paulus, schrecken wir auf. Schwer schlagen die Körper auf den Boden der Zellen. Vor Mitternacht ertönt das Geklöppel des „Simandrons", einem Holzbrett, auf dem ein Mönch unablässig in wechselnden Rhythmen hämmert und so über die Treppen und Balkongänge schreitet. Niemand entkommt dem Weckruf: Eine aufrüttelnde Ouvertüre der Vigilien, die bis zum Morgengrauen andauern.

„Die Nacht leuchtet wie der Tag", so singen sie aus den Psalmen. Im Kloster Stavronikita ist die Kirche rund und klein. Das Holzgestühl von Jahrhunderten geschliffen, im Halbdunkel die wehmütig prüfenden Blicke der Heiligen auf den Ikonen, von Kerzenschein umzittert, die Bücher in altgriechischer Schrift auf dem Drehpult, die Fresken der Fürsprecher und Märtyrer an den hohen Wänden. In der Kuppel die allheilige „Panaghia", die Jungfrau Maria, ringsum die Apostel, vorzugsweise jedoch der enthauptete Täufer Johannes nahezu surreal mit seinem Kopf in der rechten Hand. Alle umgeben von den Weissagungen der Propheten und den Tänzen schwebender Engelsscharen.

Die Gesänge haben mit dem gregorianischen Wohlklang des Nachtoffiziums unserer Zisterziensermönche nichts gemeinsam. Hier alterniert die Stille mit dem atonalen Gemisch von Schreien und dem Seufzen tiefer Stimmen. Es ist ein Sound aus der Einsamkeit, die sie sich vertraut gemacht haben. „Ich werde dich in die Wüste entführen", singen sie aus dem Buch Hosea, „und dort zu deinem Herzen sprechen". So wirbt der Verratene um seine begehrte treulose Frau mit Worten großen Verzeihens.

Im Wechsel einer Choreografie vergehen die Stunden. Vor den Ikonen und Altarnischen werden die Kerzen angezündet und wieder gelöscht, dann zieht der Zelebrant mit dem Weihrauchfass durch das enge Rund, alles mit dem dichten Nebel dämmernder Gottesnähe umhüllend. Sie werfen sich nieder und erheben sich mit Gesängen der Sehnsucht. Eine mysteriöse Hand führt Regie, ein Vater mit grauem Greisenbart, unablässig bekreuzigt und segnet er. Das macht den Zauber dieser Stunden aus: Im Uralten herrscht Naherwartung! Lesen sie aus den kaum verschlüsselten Ansagen des Propheten Isaias, tönt es weder nach Erinnerung noch Verehrung, sondern nach unmittelbarer Mobilmachung. Gott ist der große Gegenwärtige. Es waltet die Kunst der Stille, um ihn besser zu hören. Irgendwie herrscht Eile, denn es könnte sein – wer weiß schon den Tag und die Stunde? –, vielleicht kommt ihr „Christos, Christos, Christos" noch in der zu Ende gehenden Nacht. Es gilt die schnelle Einsatzbereitschaft, das schlaflose Wachen.

Im ersten Morgenlicht folgt die Heilige Liturgie, die Eucharistiefeier, das zentrale mystische Ereignis. Es ist ein anderer Klang, die Sehnsucht erreicht den Höhepunkt. Die Gewänder wechseln, Weiß mit Blut überzogen, das sind apokalyptische Farben. In einer Prozession ziehen die Väter durch die Kirche, die Gefäße der Opferung zeigend. Bald tritt eine große Stille ein, sie dauert an, denn sie möchten Gott hören. Ich spüre, es ist keine kurze Pausenstille. Man wartet auf einen Schlussakkord, der zunächst nicht kommt. Dann und wann ein Lispeln der ganz Alten.

Als sich das eisenbeschlagene Portal öffnet, strömt das frühe Morgenlicht herein, es ist wie eine Entzauberung. Die Kerzen erlöschen, die heiligen Bücher werden zugeschlagen, wie Dunst entschwindet der Weihrauch nach draußen. Von den Rosenstöcken tröpfelt der Tau. Ich atme auf, selten war die Frühe so rein. Nicht genug davon, umgeben von Meeresstille nur noch Herrlichkeit.

Es ist sieben Uhr, die Väter ziehen in Zweierreihen in die gegenüberliegende „Trapeza", den Speisesaal, wo mit allem, was der Berg und die See zu bieten haben, aufgetischt ist. Fische in Öl, Salate, Artischocken, Gurken, Bohnen, Weinblätter, Käse und frisches Brot. Dazu fließen Wasser und harziger Weißwein, der Retsina, er darf nicht fehlen. Ich habe ihn besonders genossen, eiskalt und spritzig.

Die Namenstage der Heiligen und der Märtyrer sind hohe Festtage. Fastenzeiten gibt es mehrmals im Jahr. Heute ist der Festtag des heiligen Märtyrers Andreas. „Gib dein Blut und du erhältst den Geist", so liest der junge Lektor aus den Weissagungen der Wüstenväter, während sich die Mönche blass und bärtig über das Frühmahl beugen und die Weinbecher heben. Wir sind im Kloster Grigoriou. In den folgenden Jahren kehrten wir immer wieder hierher zurück und entdeckten an den Küsten große und kleine Stätten der Beter.

Der Weg hinauf ins Kloster Megiste Lawra ist steinig. Während fünf Stunden geht es auf engen Pfaden durch die Macchia. Ich bin nicht geübt und leide. Manchmal ist es ein Kampf, mein Vorbild Kästner hat ihn verschwiegen. Oben die Marmorfelsen der Gipfelwände, unten das Meer, azurblau, unruhig. Der heilige Johannes Kolobos schrieb im 4. Jahrhundert illusionslos, das Mönchtum sei „nichts als Mühsal". Doch scheint es hier auf dem Athos eine verwandelnde Mühsal zu sein, sie kann hinauf in mystische Höhen führen, jedoch auch in dämonische Abgründe. Niemand bleibt verschont, beides sind Spielarten aufsteigender und abstürzender Gottesnähe. Sie wird nicht selten begleitet von einem visionären oder erschütternden Umfeld. Es hat mich ergriffen. Die Mönche, vor allem die entrückten Einsiedler, erfahren es ungerührt. Was auch geschieht, eine Heiligenerscheinung im Zwielicht der Gipfelregion oder der Tod eines jungen Mitbruders, für alles haben sie eine spontane Erklärung bereit: Es lag an der Erinnerung an einen im Ruch der Heiligkeit Gestorbenen oder am Fluch eines Abgefallenen, am Festtag der heiligen Erzengel oder am Leiden eines erblindeten Malermönchs.

Ich selbst machte andere Erfahrungen: Während der ersten Klosternacht in Karyes erschreckte mich ein Albtraum des Missbrauchs durch einen frommen Priester. Im ärmlichen rumänischen Kloster Prodromou waren auf den Außenwänden des „Katholikons" grausigste Folterszenen abgebildet, während der Nacht heulten vor der dreifach verriegelten Pforte die Wölfe. In Hagi Anna bat mich ein Einsiedler, nicht in die Ostervigil zu kommen, sondern einen todkranken Vater zu betreuen. So verbrachte ich die Nacht neben dem Sterbenden. Nackt lag er auf seinem Bett, der Blasenkatheder zwischen den dürren Beinen, stöhnend und mich, den Fremden, mit großen Augen anblickend. Es war eine blitzartige Gotteserfahrung, die mir die Furcht vor diesem armen Mann nahm. War nicht ich der Kranke und er der Überlebende?

In der linken Hand hielt er einen aus schwarzer Wolle geflochtenen Rosenkranz für das auf dem Athos seit Jahrtausenden geübte Herzensgebet: „Herr Jesus Christus, erbarme dich unser, der Sünder." Ein- und ausgehaucht zieht es durchs Herz und trägt dich hinaus. Es war Ostern. Als in der Frühe die Glocken in heftigem Rhythmus schlugen, flüsterte der Sterbende mit trockenen Lippen: „Christos anesti!" Der Herr ist auferstanden! Die ersten Sonnenstrahlen fielen vom Berg herab.

Tief unten an der Anlege wartete ich auf das erste Boot, das vom Athos-Kap heran tuckerte. Das Meer schäumte, selbst die See war ausgelassen. Dann kreuzten wir, vorbei an den Klöstern Dionysiou, Grigoriou und Simonos Petras, mit Kurs auf das Rossikon, dem mächtigen Kloster Panteleimonos der Russen, von denen 1917 vor der Revolution noch zweitausend Mönche hier lebten. Jetzt waren es in der letzten Bastion des heiligen Russland nur noch zwölf bärtige Steinalte in ärmlichen Kutten.

Nach dem Fall des Eisernen Vorhangs sind junge Russen in ihr Heiligtum zurückgekehrt und haben damit begonnen, das zerfallende Klosterdorf wieder aufzurichten. Ihren spirituellen Antrieb verdanken sie einem heiligen Mönch, Siluan, der in der ersten Hälfte des 20. Jahrhunderts in einem Schuppen das einfache Leben eines Arbeiters führte und dennoch in seinen Gebeten auf mysteriöse Weise die großen Fragen seiner Zeit berührte. In seinem Dorf galt der ehemalige Schreiner als Lebemann, den Frauen und dem Wodka verfallen, bei einer Schlägerei einen Kameraden lebensgefährlich verletzend. Auf dem Athos, den er als „heilige Flamme" empfindet, geht es ihm nur noch um die „Liebe für die Welt und ihre Rettung". Er möchte der elendste und letzte aller Sünder sein. Nach heftigen Dämonen-Attacken und einer Christusvision beginnt er einen „inneren Abstieg in die Hölle", um den allverzeihenden, liebevollen Blick des Herrn „festzuhalten". Siluans Lebensfrage: „Wie bleibe ich in der Gnade?" Es wird ein Ringen zwischen Frieden und der Qual um das „verlorene Paradies", bis ihm auf die entscheidende Frage, was er tun soll, um demütig zu werden, die Antwort zuteil wird: „Halte dich mit Bewusstsein in der Hölle und verzweifle nicht."

Das habe ich noch zu lernen. So ist der Athos: Umgeben von Abgründen zieht er in geistliche Gipfelregionen. Im Schweigen der Gottesnähe werden brutale Kämpfe „mit offenem Messer" ausgefochten und die Gnade des „unerschaffenen Lichtes" geschenkt. Von allem getrennt, doch mit allen verbunden, lehrt der 73-jährige Einsiedler Dimitri, den ich oben im Kastanienwald treffe. Er gleicht einem Clochard: struppig, langes ergrautes Haar, Kleiderfetzen, Holzsandalen. Tatsächlich hat der gebürtige

Franzose Jahre lang in einer Hafenbar von Mykonos als Kellner gearbeitet. Den Sirtaki-Schritt von Alexis Sorbas beherrscht er noch, und „Jesus was a sailor ..." brummt er, den Song von Leonard Cohen.

Die Zeit ist hier oben wild geblieben, vor allem wenn er nachts von den Dämonen heimgesucht wird. Sie sind ihm vertraut, er könnte sie beim Namen nennen, neben seinem Gebetspult steht tatsächlich ein Knüppel. Als ich lächle, warnt er: „Du hast keine Ahnung." Er sagt es in einem überraschend heftigen Ton. Über sein Gesicht kullern Tränen, er schämt sich ihrer nicht und nennt sie „Taufwasser, Segenstropfen", die sein „Steinherz" aushöhlen. Nie habe er in seinem Leben so viel geweint wie auf dem Heiligen Berg. Er spricht von einem „Geschenk des Glücks". Ich blicke ihn etwas ratlos an als er sagt: „Im Dank kann nur der stehen, der gefallen ist."

In diesem Zustand begann seine leidenschaftliche Geschichte mit Gott, eine, zu der vor allem die „tragischen Sünder" fähig sind. Es treffe zu für jeden Menschen in seinen persönlichen Verstrickungen: „Gott verlässt den Sünder nicht", so erinnert er sich an einen Dichter, „im Gegenteil, er bearbeitet ihn, man könnte fast sagen, dass er ihn dort am wenigsten verlässt." Als er seinen geistlichen Vater Antonios um Rat bat, wann diese Kämpfe mit den Dämonen endlich ein Ende nehmen, erhält er zur Antwort: „Auf deinem Sterbebett."

*Roger Schutz, der protestantische Gründer der ökumenschen Gemeinschaft von Taizé, zählt zu den großen charismatischen Christen des 20. Jahrhunderts. In einer Zeit des Niedergangs gelang es ihm, seit dem Weltkriegsende hunderttausende Jugendliche für Christus zu begeistern. Eine neue Form des klösterlichen Daseins entstand, wegweisend für die ganze Kirche. Seit Johannes XXIII war er ein Freund der Päpste. Sein Leben endete als Märtyrer.*

## 6. Der Versöhner Frère Roger

Taizé ist ein Zelt- und Barackenort geblieben. Als ich im September 2019 nach schweren Krankheiten auf den Hügel zurückkehrte, herrschte noch immer jene mobilisierende Atmosphäre des Vorläufigen und Nomadenhaften. Ein Feldlager, keine Bleibe für immer. Mit der Hand geschriebene Hinweisschilder, die vielleicht morgen schon keine Gültigkeit mehr haben. Das Concerto grosso selbstverständlicher Vielsprachigkeit. Doch weder Babel noch Open-Air-Bühne. Kein Reservat, aber eine Domäne junger Generationen, die sich hier seit den 60er Jahren nahtlos abgelöst haben. Es herrscht die Lebenskunst ansteckender Hoffnung. Eine Stätte des Rückzugs, doch nicht der Weltflucht. Die Wege führen nach innen, dafür nehmen sie alle viel in Kauf. Ein Becher Reis und etwas Tee, Rucksäcke und Isomatten für eine Woche Ausnahmezustand.

Kaum zu glauben, aber die tausendköpfige Masse ist fähig zur Stille. Tritt sie ein, spürt man sie größer werden. Die Freiheit der Zeit wird allein unterbrochen durch vibrierende Glockenschläge, hart und melodisch zugleich, ein aufrüttelndes Spiel. Man hört sie nicht nur, man sieht sie schlagen, ihr Appell hat nichts zu verbergen. Sie hängen nicht in einem Turm, sondern im Gebälk eines Torbogens, das gibt ihnen etwas vertraut Rustikales. Der einzige Hinweis auf eine mönchische Regel ist ihr Ruf nach Gebet, dem nichts vorgezogen wird.

Der zentrale Platz von Taizé liegt zwischen der Versöhnungskirche und den Holzhütten des Empfangs. Er kann typischer nicht sein: fest getretene Erde, Geröll, Schlaglöcher, allmählich beginnt die Asphaltierung. Bodenhaftung ist hier programmatisch. Staub, Dreck und Pfützen als Beigaben anderer Prioritäten. Es besteht eine Suche nach Verwurzelung. Eine Art „Ästhetik des Widerstands", der jedoch sanft ist und in Turnschuhen und T-Shirts mit abenteuerlichem Design daherkommt. Mir gefällt: Nie ist dieser Platz ein Rummelplatz. Diese Woche sind die Mädchen in der Mehrheit, 15- bis 18-jährige, alle gleich schön, weil kaum unterscheidbar: langes gescheiteltes Haar, enge geflickte Jeans, in dezenter Dosierung schulterfrei, viele mit einer Taschenausgabe der Bibel oder einem Gesangbuch.

Nähert man sich der 1962 errichteten Kirche, wird die Stille intensiver. Der Bau ist eine Fortsetzung des Einfachen mit anderen Mitteln. Äußerlich ein bunkerartiges Gebäude, keine Festung, aber Schutzraum. Im Lauf der jahrzehntelangen Erfolgsgeschichte ist sie ausbaufähig geworden, verschiebbare Holzwände und Rollladen aus Aluminium. Schönheit zählt nicht zur Philosophie dieses Gotteshauses, das eher einer Musikhalle oder Sportarena ähnelt und erst im Innern aufzuleuchten beginnt. Alles ist mit simplem Teppichboden ausgelegt, der vieltausende Schritte schluckt und dem Langsamen und Leisen souveränen Vortritt lässt. Ohne diese radikale Abwendung von Lärm und Geschwätz ist Taizé nicht denkbar. Die Glasfenster, die in den Anfangsjahren den brutalen Wänden die Kälte nahmen, treten inzwischen bescheiden zurück. Licht kommt vor allem von dort, wo in anderen Kirchen die Apsis ist. In wechselnden Farben große Segel, man glaubt sie im frischen Wind des Heiligen Geistes gesetzt. Aufgeschichtete Ziegelblöcke im Kerzenlicht, das milde Gegenstück einer Mauer. Überhaupt die Kerzen: Auch in der Überzahl bewahren sie Schlichtheit. Ihr wahres Licht leuchtet erst auf den Ikonen, die zum wesentlichen Bestandteil des sakralen Raumes gehören. Der Gekreuzigte mit geschlossenen Augen und von Goldnägeln durchbohrt; seine

Mutter, an diesem Ort ökumenischer Sehnsucht, in zeichenhafter Milde.

Es sind die stärksten Szenen, die man von Taizé mit in die zerrissene Welt nimmt: junge Betende vor den heiligen Bildern, Dahingestreckte auf dem bloßen Boden, Barfüßige im Lotussitz mit gefalteten Händen. Sie haben sich in die Wehrlosigkeit der Hingabe begeben, es sind Vorformen von geistlicher Nacktheit, die Gott nichts anderes vorzieht. Selbst in den Nächten harren sie aus, face to face im Liebesblick.

In den umliegenden Hütten fallen ostkirchliche Ikonen und Kerzen immer wieder auf. Heilige der ungeteilten Christenheit im Schatten der Nischen. Man sieht sich nicht satt, weil Schönheit sich nicht satt sehen lässt. Doch kann man, von Mal zu Mal, tiefer dringen. Es sind ja nicht nur bloße Bilder oder Abbilder, sondern, wie in der orientalischen Mystik, schon unmittelbare Präsenz. Der erste Blick erfasst das darin durchleuchtende Heilige. Eine dünne Schicht wird durchbrochen. Hier beginnt die Logik zärtlicher Annäherung: Sich vor der verborgen präsenten Realität hinschmeißen, niederwerfen, sie mit Küssen bedecken. Es gibt einen Siegeszug orthodoxer Ikonen in der westlichen Christenheit; kaum noch ein Gotteshaus, das sie nicht aufstellt. Es ist zeichenhaft für die Liturgie, die sich aus den Winterzeiten jämmerlicher Kitsch-Versuche auf den Rückzug in die Heiligkeit begibt.

Die romanische Dorfkirche von Taizé steht ganz in der Tradition solchen Wandels. Das Halbdunkel ist in ein Fast-Dunkel gesunken. Wer eintritt, muss die Orientierung erst ertasten. Kinder würden sich fürchten, Ikonenkerzen werfen ein mysteriöses Flackern. Es ist ein genialer Einfall der Farben, Gold und Feuer in eine Glut zu bringen, die vor dem Tabernakel ihren ureigenen Ort hat. Die erste Gemeinschaft der sieben protestantischen Brüder um Frère Roger hat in den Kriegsjahren, von Verhaftung durch die Gestapo bedroht, in dieser kleinen Kirche ausgeharrt. Die Wände aus grobem Stein geben noch etwas von dieser Zuflucht wieder. So verborgen hat ja alles begonnen, was jetzt draußen hinaus in die Welt strömt. Es gibt Nachtgebete in der kleinen Kirche, die das Leben von jungen Christen verändert haben, als sei in dieser Enge ein noch direkterer Zugang zum Eigentlichen der hier verkündeten Botschaft. Fr. Roger, der ein Tagebuch über „Kampf und Kontemplation" geführt hat und am Ende eines Nachtgesangs niedergestochen wurde, schrieb in einer Epoche tobender, himmelstürmender Technik: „Es gibt nichts Verantwortungsvolleres als das Gebet." Mehr denn je muss man sich in der grenzenlosen Machbarkeit diese Worte merken. Letztes Jahr in der Corona-Krise klangen sie wie ein dramatischer Appell.

Sein Grab befindet sich unmittelbar an der Mauer dieser Kirche. Fast angelehnt, eine Stätte der

Rückkehr zu den Anfängen. Das schlichte Holzkreuz trägt nur seinen Namenszug, fr. Roger, keine Daten, kein Ort, kein Unterschied zu den Ruhestätten der anderen Brüder, die hier beigesetzt wurden. Doch, einige Grablichter, eine im Zellophan verblühte Rose, ein paar Steine auf dem Kreuzbalken, sonst nur das Rot der Geranien umgeben von jener sonderbaren Stille, die uns auf Friedhöfen so oft hilflos macht. Man spürt: wie viele Gebete an diesem Ort, wie viel Dank!

Die sechzig Brüder wollen keinen Kult um ihren Gründer. Es wird respektiert, die ganz Jungen haben ihn schon nicht mehr gekannt, doch kommen Senioren, die in seiner Nähe eine wichtige Saison ihrer Jugend verbracht haben. Er war ein treuer Freund in allen Stürmen des Lebens, das vergisst man nicht. Nach einem zweistündigen Gespräch über meinen hin und her gerissenen Lebensweg in der Sehnsucht nach Mönchtum, sagte er, er kenne den Schmerz dieses Problems sehr gut. Dann umarmte er mich mit den Worten: „Tard, peut-être très tard." Spät, vielleicht sehr spät.

Vor allem war er ein Beter, der aus der Stille schöpfte. An seiner Seite beherrschten tausende junge Menschen vor den Ikonen der Versöhnungskirche das Schweigen. Ich habe es wiederholt erlebt, man wurde von der Flut der Stille mitgerissen. Die Tagebücher von Frère Roger sind keine Memoiren, gerade seine Kunst der Kurzfassung berührt Leser in aller Welt. Vergleichbar mit jenen Schlussgedanken, die er am Ende der Gottesdienste sprach. Wie Fels brachen sie aus der Tiefe und wandelten sich zu Gebeten. Manchmal nur drei, vier Sätze, mit dieser brechenden väterlichen Stimme dahin gesprochen, doch aus welchem Schatz an Weisheit und Christusnähe schöpfte er! Als Papst Johannes Paul II. 1986 als „Pilger" nach Taizé kam, fiel in der Stille die Ähnlichkeit der beiden Beter auf, selbst phonetisch ein Gleichklang, Langsamkeit voller Glut, jedes Wort nichts als Nähe, als Mitleiden.

Zwischen den beiden Männern bestand ein tiefes Grundvertrauen auf ihrem Sehnsuchtsweg zurück zur ungeteilten Christenheit. Ihre Vision war ein neues Pfingsten, jenseits aller eifrigen Kommissionen, Konferenzen und Begegnungen sollte Feuer ausschlagen, die Vitalität einer Kirche, die nicht aufhört im Sog ihrer Anfänge zu brennen: Jesus Christus.

Bei seinen jährlichen Begegnungen mit Papst Johannes Paul II. hat er stets bei ihm kommuniziert. Es ging nicht um „Konversion", sie hätte mit seinen Ursprüngen gebrochen und Menschen verletzt; allein die Versöhnung im Geist der Barmherzigkeit des flüsternden Gottes zählte. Fr. Roger ist diesen Weg in dunklen Jahren sehr früh gegangen. Beeindruckt vom großen protestantischen Theologen Karl Barth, entdeckte er die Kirchenväter und empfand es als eine „Begegnung mit den Zeugen". Frère

Daniel, der letzte lebende der sieben Pioniere der Anfänge, erinnerte in der Abschiedsmesse für seinen toten Bruder an diese Nähe: „Er hat zu den Kirchenvätern wie zu Lebendigen gesprochen."

Zwischen dem Papst und dem Mönch sprach die Stimme stiller Beter. Seit meiner Jugend habe ich es immer wieder aus seinem Mund gehört. Fr. Roger legte es uns buchstäblich ans Herz, den Schwierigkeiten menschlicher Existenz in der Tiefe zu begegnen, nicht zuzulassen, dass dieser Kontakt selbst bei Entmutigungen und Scheitern abbricht: „Nicht mit einem idealen Herzen, sondern mit dem Herz, das man hat. Nicht mit dem Herz, das man nicht hat: Gott wird es ändern."

*Vierzig Minuten von Taizé entfernt liegt das Karmelitinnen-Kloster Mazille. Viele junge Frauen, der Orden erlebt einen starken Aufschwung. Deshalb war die Feier der Ablegung ewiger Gelübde einer Schwester ein besonderes Ereignis – es hat mich erschüttert. Mit Kopftuch und gefalteten Händen warf sie sich zu Boden. Kein Concerto mit Violine und Querflöten mehr. Großes Schweigen, Gott allein.*

## 7. Stille Tage in Mazille

Das Dörfchen Mazille, acht Kilometer im Südwesten von Cluny, zählt knapp dreihundert Einwohner. Längst vorbei jene Zeit, wo vom Glanz der burgundischen Kulturabtei gezehrt wurde. Die Reste eines Priorates stehen noch auf der Anhöhe und tief unten liegt die kleine Kirche St Blaise. Stolzes 11. Jahrhundert, hohe mittelalterliche Zeit und Beispiel jener eifernden Verirrung blühender Klöster, sich ungestüm auszubreiten. Von den Fresken sind nur Silhouetten geblieben. Im Schatten der Nussbäume ein Friedhof und hinter der Apsis mit Lavendel und Rosen geschmückte Holzkreuze. Die Schwestern sagen, der Blick vom neuen Kloster auf die alte Kirche stärke ihr Herz.

Im Frühjahr 2011 fand ich hierher, man muss abseits der Landstraße tatsächlich suchen. Frère

Christian hatte mich in Taizé auf die Gemeinschaft aufmerksam gemacht: „Wenn du betende Frauen in strenger Einfachheit erleben möchtest, musst du den Umweg in Kauf nehmen." So fuhr ich hinauf. Wiesen, Hecken, Bauernwege, weite Landschaft.

Dass in den Betontürmen 28 Frauen ein kontemplatives Leben führen, macht diese Wüste spannend. Der irre Versuch, das Strenge mit dem Leichten zu versöhnen. Das Abenteuer, zwischen Himmel und Erde einen Ort des Gebetes zu errichten, gelingt. Die Schwestern führen auf diesem Zauberberg ein anderes Leben, ihr Blick geht nach innen, sie wohnen in „Eremitagen", die großflächigen weißen Wände ihrer Klausur weisen nicht ins Leere. „Zuhause" ist man in einem Kloster nie, doch zieht es heimwärts.

Die Gastschwester Julienne befand sich auf einem „langen Suchweg", als eine Freundin ihr einen Besuch im Karmel von Mazille empfahl. Die junge Deutsche aus Ulm hatte Kirchenmusik, Theologie und Altorientalistik studiert. Ein Leben in Stille und Einsamkeit, in diese Richtung ging ihre Sehnsucht. Die Schwestern luden sie mehrmals ein, „so wie man seinen Lebenspartner kennenlernt". Sie sagt, „comme une femme debout", wie eine aufrechte Frau. Aus ihrem Mund klingt das auf charmante Weise resolut und feminin zugleich. Sie sagt, erst im Rückblick verstanden zu haben, was „kontemplativ" bedeutet: „Wenn man das Wesentliche nicht verpassen will, muss man Ja sagen. Ja in das Flüstern

Gottes hinein." Die Worte der hl. Teresa von Avila, „die Welt steht in Flammen", sind bedrohlicher geworden. Der Warnung treten die Schwestern gelassen und illusionslos entgegen. Sie haben die Welt verlassen, das Feuer ist geblieben.

Als einziges Ornament über dem Kirchenportal zugestanden: ein Kreuz auf dem Berg Karmel, zwei Sterne, Maria und Elias. Maria, die junge Schwangere auf dem Bergpfad, das Dankeslied schon auf den Lippen, und dann Elias, der große Prophet des Alten Testaments vor dem Höhleneingang auf die Stimme Gottes wartend. Doch weder im Sturm noch im Gewitter noch im Beben hörte er sie, sondern in einem „verschwindenden Säuseln". Könnte es sein, dass wir heute in einer Elias-Zeit leben? Von der Zahlenflut, der Klimaverwüstung und Seuchengefahr bedroht, eine Gott vergessende Endzeit, ein Säuseln vielleicht, nur noch von einer Minderheit gehört.

Schwester Clémentine legt heute ihre zeitlichen Gelübde ab, eine erste Bindung nach sieben Jahren der Prüfung. Die Empfehlung des Bruders aus Taizé begann sich zu lohnen. Nach klösterlicher Stille suchend, wurde ich, wie durch eine Fügung, mit hineingenommen in ein Großereignis mitten in der Einsamkeit. Ich horchte auf und notierte Details. Ein kleines Concerto, verschwiegene Gesten, wie Einflüsterungen.

Ein Schiff verlässt den sicheren Hafen, mehr denn je lockt die Weite. Als sie sich mit dem Gesicht zum Boden vor dem Altar hinwirft, singen ihre Schwestern im Halbkreis zum Heiligen Geist, dem Schöpfer und Tröster. Dann in die Stille hinein ihr Versprechen: „Ich gebe mich Gott hin mit meinem ganzen Herzen." Umarmungen, für jede Schwester ein anderes Lächeln, ein Segenskuss für ihre anwesende Familie und Freunde. Es ist eine Choreografie inniger Verbundenheit, eine heilige Stunde. Dann die Glückliche im Myrtenkranz: „Helft mir, keine Angst vor der Liebe zu haben."

Nach dem Fest sind es stille Tage in Mazille. Von den Schlägen einer Glocke regulierte, sickernde Zeit. Sie schwebt im „Garten des Abschieds" über dem Becken, das Regenwasser auffängt. Das Gästehaus im braunen Bruchstein unter den Bäumen, dunkle Flure, am Waldrand abgelegene Gehöfte. Der kirchenferne Baumeister Le Corbusier hat den Ort als ein „Kopf-an-Kopf mit der Landschaft" bezeichnet: „eine Rückkehr in die Stille, um das Geheimnis zu ertasten". Das Heilige müsse jeder selbst finden. Die Gemeinschaft der Schwestern sieht das etwas anders. Sie haben sich dieser schnörkellosen, etwas kalten Architektur bemächtigt. Jede ist einsam, doch keine allein. Es ist eher ein Hand-in-Hand mit Gott.

Es heißt, dass es zweitrangig ist, ob wir viel oder wenig bringen, denn „Gott will uns selbst haben". Das erinnert mich stark an meine verstorbene Freundin, die Benediktinerin und Dichterin Silja Walter, die mir vor ihrem Tod schrieb: „Er will dein

Herz, hängen mit ihm, das ist alles". Liebe ich sie nicht, diese radikalen heiligen Frauen, deren Wege viel weiter führen als unsere bangen Vorstellungen? Maria Magdalena, Teresa von Avila, Caterina von Siena, Jeanne d'Arc, Gertrud von Helfta, Thérèse von Lisieux oder Edith Stein. Immer ist es die Glut der Nähe Gottes, die sie erfüllt und sich von uns berühren lässt. Wir sollen lernen, uns diese Liebe zuzutrauen.

Vor Anbruch der Nacht versammelt sich die Gemeinschaft noch einmal vor dem Kreuz. Der Komplet folgt die Vigil, ereignislos und nüchtern. Es ist das solidarische Wachen in der Dunkelheit, das die Jugend weltweit zu faszinieren beginnt. In den Todesstunden der Päpste ist es auf dem Petersplatz handgreiflich. Auf den Weltjugendtagen gerät dieses Schweigen zu einem Großereignis. Es ist eine Demo gegen andere, exzessive Vorstellungen von „Nacht". Kein tobender Trotz mit Lärm und Glimmer, vielmehr ein natürliches Einverständnis mit der Stille und dem Erlebnis einer Finsternis, die leuchtet wie der Tag. Dann rücken sie alle näher zusammen und die Nacht wird zu einem großen Gebet.

Hier zählt allein das „einzig Notwendige". Aufbruch, ringsum Apfelbäume, Weißdornhecken. Ich fahre nicht unberührt weg.

*Bevor der junge Adlige Charles de Foucauld nur noch für Gott leben wollte, hat er Jahre als reicher Dandy vergeudet. Ein Lebemann mit Alkohol- und Frauenexzessen und ein Abenteurer in der Kolonialarmee. Umso radikaler der Bekehrte, der im Trappistenkloster im syrischen Akbès und als Wüsteneinsiedler die Armut von Nazareth leben wollte. Ich habe wiederholt die Biografie von François Six gelesen. Jahreszahlen spielen darin kaum eine Rolle. Von den Moslems verehrt, traf Charles irrtümlich eine Kugel. Friendly fire für einen Heiligen.*

## 8. Gott hat mich gesucht

Auf dem Weg in die Altstadt von Straßburg ist mir seine Statue aufgefallen. Sie springt nicht ins Auge, sondern ergreift. So sind die gelungenen Kunstwerke von Heiligen, man tritt näher. Vor der Kirche St Pierre-le-petit, besteht zwar nur der Bezug, dass Charles de Foucauld hier geboren wurde, doch hat ihn die niederländische Künstlerin Daphné du Barry als Lokalhelden dargestellt. Das macht ihr Werk besonders spannend: de Foucauld im brausenden Stadtverkehr als Wüsteneinsiedler. Ich habe die Bronzestatue mit der Hand berührt. Da steht er, als ob er dem Sandsturm von Beni-Abbès trotze, vorwärtsdrängend, glühender Blick, das ärmliche Habit auf den schmalen Schultern, auf der Brust das Zeichen des Dornenherzens. Blickt man sich fortgehend um, bleibt die Silhouette der dramatischen Gestalt. Jetzt wollte ich alles über ihn wissen.

Ein dunkler Oktobertag 1886 in Paris nahe des Bahnhofs St Lazare. Ein 28-jähriger Mann betritt die Kirche St Augustin, es geschieht nahezu ängstlich, er möchte nicht gesehen werden. In der dritten Seitenkapelle rechts vom Mittelschiff befindet sich ein Beichtstuhl im Stil des Eklektizismus, so wie das ganze Gotteshaus aus tobenden romanischen, gotischen und Renaissance-Elementen. Man schreckt zurück, doch diese Stätte der Buße ist die meist besuchte der Stadt. Manchmal bilden sich Schlangen bis zur Sakristei, stundenlang sitzt Abbé Henri Huvelin im Dunkel hinter dem lilafarbenen Vorhang und spendet die Absolution. Man traut ihm viel zu im amüsierten Paris, auch der junge Mann, der sich zögernd nähert.

Sein Name ist Charles de Foucauld, sein Ruf miserabel. Eine besorgte Tante hat ihn dem Abbé sozusagen als letzte Rettung empfohlen. Der ehemalige Offiziersanwärter der Elite-Akademie von St Cyr ist am Ende, sein Leben vergeudet. Die Taschen voller Geld, hat der Vollwaise und Großerbe jahrelang die Puppen tanzen lassen. Er gilt als hochintelligent und stinkfaul. Die Armee hat ihn geschasst. Ständig Alkohol- und Frauenexzesse. Die Kameraden nannten ihn „das Schwein", in ihren Kreisen war das ein Kompliment. Mit seiner Mätresse Mimi ließ er sich zum Frühstück im Bett Gänseleber und Champagner servieren. Es war die Wüste vor der Wüste.

Charles de Foucauld liebt das Abenteuer. Auf einer einsamen Expedition erforscht er die noch unbekannten Weiten Marokkos und wird in Paris von der „Geografischen Gesellschaft" mit der Goldmedaille gefeiert. Die Magie der Wüste fasziniert ihn, ihre Stille ist ein Ort des Wegtauchens. Beim Aufstand von Bu-Amana treibt ihn die Kriegslust noch einmal zurück zu den Kameraden von Süd-Oran. Doch kann er nicht gehorchen und zieht sich in seine Pariser Wohnung zurück: innerlich vereinsamt, philosophische Bücher verschlingend, manchmal im Djellaba wie ein Sufi in Koran-Suren vertieft. Es ist eine Zeit knisternder Spannung.

Umso gravierender seine Begegnung mit dem Abbé im Halbdunkel von St Augustin. Er möchte um eine „Unterredung" bitten. „Sie beichten jetzt", befiehlt Huvelin, knapp klingt es: „Auf die Knie!" Als der verlorene Sohn auf die Steinplatte sinkt, entscheidet sich sein Leben. Ich bin beim Lesen dieser Szene zusammengezuckt; damals als Bewerber für den Eintritt in die Trappistenabtei Genesee hätte ich mir solch einen Befehl gewünscht. Kein Warten, keine Furcht, kein Zögern mehr. Ein schneidiges Wort hätte gereicht, doch kam alles ganz anders.

„Wenn Gott existiert, dann lass mich ihn endlich erkennen", fleht der junge de Foucauld. Zehn Jahre später wird er schreiben: „Gott, mein guter Vater, hat mich gesucht und aus der Ferne geholt."

Abbé Huvelin entdeckte in de Foucauld sein anderes Ich: den Abenteurer und Alles-oder-nichts-Riskierer. Doch korrigierte er den heftigen Kurs des gescheiterten Soldaten und Genießers radikal nach innen. „Jesus hat den allerletzten Platz gewählt, den keiner ihm jemals streitig machen kann", predigte er. Der Sehnsüchtige antwortet: „Dieser Satz hat sich in meiner Seele unauslöschlich eingeprägt." Jetzt beginnt die Ouvertüre eines ganz anderen „verrückten" Lebens. Der die Liebe verspielte, erhält sie neu geschenkt. Später erinnert er sich präzise an diese Augenblicke: „Wir dürfen nicht weniger als alles erhoffen." Das ist die Radikalität eines Heiligen.

Wie es mich getroffen hat, diese Worte zu lesen. Sie öffnen völlig neue, unverhoffte Horizonte. Wie bitter zu spüren, dass wir sie uns nicht zutrauen. Wie schwierig zu glauben, dass es nie zu spät ist. Welches Glück, sich im drängenden Flüsterton Gottes endlich darauf einzulassen.

Nach der schwierigen Zeit seiner Konversion wird Abbé Huvelin sein geistlicher Vater. Charles vertraut sich ihm nicht nur an, er liefert sich aus. Als der Priester ihn zu einer Pilgerfahrt ins Heilige Land drängt, geschieht es wie in einer Vorsehung, die dem Reisenden die Augen für den Realismus der Menschwerdung öffnet. Weihnachten 1889 verbringt er in seiner ganzen Ohnmacht und Armseligkeit in Betlehem und entdeckt die Grotte, wo einst die Stimmen der Heiligen Familie zu hören waren. Ihr verborgenes Dasein erschüttert ihn. Er steht vor dem Geheimnis der Demut Gottes. Bei Isaias liest er: „Wahrhaftig, du bist ein verborgener Gott." Am „letzten Platz" will er ein Leben des „Hinabsteigens" führen. Abbé Huvelin wird ihm immer sagen müssen, dass der allerletzte Platz schon besetzt ist ...

Eine Odyssee der Nachfolge-Suche beginnt mit Einkehrtagen im Benediktinerkloster Solesmes, bei den Trappisten von La Grande Trappe und bei den Jesuiten in Clamart. Er entscheidet sich für die Trappisten und tritt in die einsam in den Cevennen gelegene Abtei Notre-Dame-des-Neiges ein. Unsere Liebe Frau vom Schnee: Er will verschwinden. Schweigen, Nachtwachen, Selbstgeißelungen, Fasten, Knochenarbeit, stundenlanges Chorgebet. Doch Charles verlangt mehr. Nach wenigen Monaten wechselt er ins syrische Kloster Akbès, süchtig nach Armut.

Als er zu einer Totenwache in ein moslemisches Nachbardorf gerufen wird, schämt er sich beim Anblick des Elends der Trauerfamilie und sehnt sich nach Nazareth zurück. Doch verlangt der strenge Ordensgeneral ein völlig anderes, noch härteres Opfer und schickt ihn zum Theologie-Studium nach Rom. Einem jungen Mitbruder schreibt er, Gehorsam sei die höchste Form der Liebe, „wo man aufhört selbst zu existieren, wo man zunichtewird ..."

Im Januar 1897 erhält er die Erlaubnis, den Trappistenorden zu verlassen, gelobt in die Hände seines Beichtvaters immerwährende Keuschheit und Gehorsam. Nach der angestrebten Priesterweihe will er in die algerische Sahara zu „den Abgeschriebenen, die keine Priester haben". Sein Freund Henry de Castries empfiehlt ihm die Oase Beni-Abbès im mittleren Algerien, die der marokkanischen Grenze am nächsten liegt. Die Gäste in seiner Eremitage sind Arme, Sklaven und Kranke. Charles beginnt zu lernen, dass „das Sakrament des Altares nicht vom Sakrament des Bruders zu trennen ist".

Sein letztes Ziel sind die Tuareg im wilden Gebirgsmassiv des Hoggar. Sein Freund und ehemaliger Kommandant Laperinne schlägt ihm vor, sich seiner Expedition anzuschließen. Nach einem viermonatigen Fußmarsch erreichen sie Tamanrasset, ein Wüstendorf mit zwanzig Feuerstellen. Seine Hütte besteht aus zwei Räumen, 2,75 Meter lang, 1,75 Meter breit. Er schläft neben dem Allerheiligsten, „damit es besser geschützt ist". Er möchte beten und „den Menschen in der Umgebung ein wenig Gutes tun". Die skeptischen Tuareg sind von dem Sonderling beeindruckt, zunächst vertrauliche Gesten, dann Freundschaft.

Dann kommt eine Hungersnot über das Land. Charles, der von den Einwohnern als „Marabut", als

Einsiedler oder Heiliger, verehrt wird, liegt todesbereit auf dem Stroh seiner Hütte. Im Hochland sammeln die Tuareg für den an Skorbut Leidenden die für Kinder bestimmte Ziegenmilch. Der Gast ist den Moslems heilig. Sein Leben hat sich von Grund auf geändert. Es zählt nur noch das Apostolat der Güte. Die grenzenlose Wüste hat ihn in die grenzenlose Liebe geleitet, die ihn auf den Berg Assekrem führt, wo sich die Weideplätze der Kamele befinden und auf dessen 2780 Meter hohem Gipfel die Tuareg ihm eine Einsiedelei errichten. Ein Altartisch aus blankem Fels, blanke Steinwände, streng und strahlend wie ein Juwel.

Als es am Abend des 1. Dezember 1916 in Tamanrasset in der von Sklavenhändlern und Karawanenführern umkämpften Region zu einer Attacke kommt, entsteht großer Aufruhr. Bruder Charles wird ins Freie gezerrt und soll als Geisel entführt werden. Gefesselt verweigert er jede Antwort. Als eine Panik entsteht, schießt sein 15-jähriger Wächter aus Furcht auf ihn ein. Er war auf der Stelle tot. Wenige Stunden zuvor hatte er an seine Kusine geschrieben: „Unser Zunichtewerden ist das wirksamste Mittel, uns mit Jesus zu vereinen ... Der Wunsch zu lieben ist bereits Liebe."

*Auf dem kleinen Klosterfriedhof im algerischen Bergdorf Tibhirine ruhen nur ihre Köpfe. Die sieben Trappisten wurden von einem nächtlichen Terror-Kommando entführt und unter immer noch ungeklärten Umständen ermordet, ihre Köpfe hingen an einem Baum auf der Straße nach Medea. Die Körper wurden nie gefunden. Nicht nur für die Kirche sind die Seliggesprochenen große Märtyrer, auch die Moslems verehren sie. Das Testament von Frère Christian de Chergé mit einem Gebet für seinen Mörder wurde weltweit bekannt.*

## 9. Auf jedem Sarg lag eine Rose

Als die Straße nach Oran ins Atlas-Gebirge abbog, wurde die Gegend einsam. Kurvenreich ging es durch eine enge Schlucht hinauf. Ein Lkw-Fahrer hatte mich am Ortsausgang von Algier aufgeladen, ein freundlicher Berber, der mir seine Trauben anbot. Mit ein paar Brocken Französisch erklärte er mir seinen langen Weg zu den Ausläufern der Sahara, noch fünf Stunden anstrengende Route nach Beni-Abès. Im Provinzstädtchen Medea stieg ich aus, es war Mittag, vom spitzen Moschee-Turm rief der Muezzin zum Gebet. Eine Präfektur, ein Hotel aus der Franzosenzeit, ringsum ärmliche weiße Häuschen und eine Taxistation. Schon war ich unterwegs in das Trappistenkloster Tibhirine, das versteckt hinter Weinbergen und Ölgärten höher im Gebirge lag.

Der Empfang durch die neun Mönche war herzlich, ich war „der Neue", sie hatten mich sehnlichst erwartet. Vierzehn Tage wollte ich bei ihnen verbringen, es sollte eine Probezeit sein, ich wurde still beobachtet und freundlich behandelt. Frère Christian, der Gastpater und Novizenmeister, war mein Begleiter, ein jugendlich wirkender ehemaliger Offizier der französischen Besatzung, der im Algerienkrieg sein Befreiungserlebnis hatte: Ein Moslem ging für ihn in den Tod. Jetzt wollte er diesem Volk seine Rettung zurückgeben, er liebte dieses Land.

Doch was wollte ich? Mich prüfen. Der Abt von Aiguebelle, ein ehemaliger Fremdenlegionär und noch immer ein Rabauke, hatte mir diesen abgelegenen Ort empfohlen: „Wenn du das Beten lernen willst, dann gehe nach Tibhirine." Die zwei Wochen, die ich hier verbrachte, waren eine Revelation. Die kleine Kapelle in einem ehemaligen Weinkeller, Feldarbeit in den Erdbeerbeeten, frugale Mahlzeiten, glühende Hitze, die sich erst in der früh hereinbrechenden Dunkelheit auflöste, wenn sich der Wind aus der Wüste hob und in den gegenüber liegenden Dörfchen die Gesänge des Fastenbrechens im Ramadan ertönten.

Die herrliche Umgebung und die Güte der Mönche haben nicht gereicht. Ich war für solch ein entsagungsvolles Leben nicht geeignet und habe Tibhirine wieder verlassen, zurück in die tobende Welt. Erst neun Jahre später erfuhr ich beim Bearbeiten der Frühnachrichten in der Redaktion des BRF, dass auf das kleine algerische Kloster ein Anschlag verübt worden war. Sieben der neun Trappisten waren nach einem nächtlichen Überfall eines Terror-Kommandos entführt worden. Es sollte eine dramatische Geschichte werden:

Es war in der Nacht zum 27. März 1996. Br. Jean-Pierre schlief im Pförtnerhaus des Trappistenklosters Tibhirine am Rande des algerischen Atlas-Gebirges. Es war eine Vorsichtsmaßnahme, die kleine Gemeinschaft von neun Mönchen wurde seit Monaten von Terroristen der algerischen islamistischen Gruppe GIA bedroht. Die Mönche nannten sie „unsere Brüder aus den Bergen". Wiederholt hatten der Präfekt des benachbarten Medea, die Polizei und ihre Mitbrüder in der französischen Abtei Aiguebelle sie aufgefordert, den bedrohten Ort zu verlassen. Doch die Antwort lautete: „Wir werden erst gehen, wenn die Einwohner uns darum bitten." Dieses Mal wurde Br. Jean-Pierre durch sonderbare Geräusche geweckt, seine erste Reaktion war: „Da sind sie."

Die etwa zwanzig Angreifer des Kommandos hatten nicht geklingelt. Die mit Maschinenpistolen bewaffneten Männer waren eingedrungen und suchten die Zellen des Priors Br. Christian und des Arztes Br. Luc, die bald im Hof vor dem Portal erschienen. Luc hielt seine Tasche für Arztbesuche in der Hand. Christian fragte mit einer entschlossenen Stimme: „Wer ist der Chef?" Jemand antwortete: „Der da. Man muss tun, was er sagt." Alle Telefonkabel wurden durchgeschnitten. Bald darauf eine sonderbare Stille, die Türen der Mönchszellen standen offen, die Lichter waren erloschen. Dann klopfte es am Pförtnerhaus, es war Br. Amédée, der atemlos sagte: „Weißt du was geschehen ist? Wir sind allein. Alle anderen wurden entführt." Der Chef der Bande hatte gefragt: „Sind es die sieben?" Er wusste nicht, dass es neun waren. So wurden Jean-Pierre und Amédée gerettet.

Die beiden wollten am nächsten Tag im Kloster bleiben, doch das Militär, das mit einer Hundertschaft erschienen war, drängte sie zum Aufbruch nach Algier. Ihre letzte Mahlzeit bestand aus einer Bohnensuppe, die der entführte Br. Luc am Tag zuvor gekocht hatte. Jean-Pierre packte die letzten Sachen zusammen: Dokumente, liturgische Gewänder, Kelche. Dann wurde die Kapelle verbarrikadiert, es war ein Keller mit arabischen Kacheln und einem großen Holzkreuz. Dann raste der Konvoi mit den beiden durch die enge Chiffa-Schlucht in die Hauptstadt, an jeder Kreuzung stand Militär.

In einer wichtigen Geste ernannte der Generalabt der Trappisten, Bernardo Olivera, für die Überlebenden einen persönlichen Berater. Es war der Prokurator des Ordens, der Kanadier Armand

Veilleux, Abt des belgischen Klosters Scourmont. Erst vor wenigen Monaten hatte er in Tibhirine seine Regularvisite abgehalten, mitten in den Bedrohungen und Ängsten, denen die Gemeinschaft ausgesetzt war. Dom Veilleux hatte es als eine Gnade empfunden: „Eure Wurzeln im Boden Algeriens und seines Volkes sind tief", sagte er und erinnerte an die dramatische Ermordung von zwölf kroatischen Arbeitern im vier Kilometer entfernten Tamesguida, denen man die Kehlen durchgeschnitten hatte. „Ich glaube nicht, dass jemand von euch einen gewalttätigen Tod herbeiwünscht", sagte der Visitator, „doch glaube ich auch, dass ihr ihn alle als eine Konsequenz eurer Entscheidung, hier zu bleiben, akzeptiert. Diese Gelassenheit schenkt euch den wahren Frieden". Dabei erwähnte er auch einen ersten „Besuch der Brüder aus den Bergen" in der Weihnachtsnacht 1993. Dem Prior Christian war es damals gelungen, den gefürchteten Anführer Sayad Attia zum Rückzug zu bewegen. Nach dem Besuch von Veilleux war ihr Standpunkt klar: Die Brüder waren sich einig zu bleiben.

Sayad hatte beim ersten Überfall gefordert: „Ich will den Papst dieses Winkels sehen." Dieser „Papst" antwortete ihm in alle Ruhe: „Man betritt diesen Ort nicht mit Waffen. Wenn Sie diskutieren wollen, dann müssen die Waffen raus." An sich waren diese Worte im Angesicht der tödlichen Bedrohung unverfroren, doch lenkte Sayad ein.

Sayad wurde kurze Zeit später bei einem Kampf zwischen zwei verfeindeten Terror-Gruppen schwer verletzt. Bevor er starb, rang er neun Tage in der Nähe des Klosters mit dem Tod. Zur Abschreckung vor weiteren Übergriffen wurde seine Leiche an einem Auto festgebunden und durch Medea geschleift. Es war auf beiden Seiten die Sprache der Gewalt. Die Mönche waren über die Grausamkeit empört und Christian sagte über seinen Widersacher: „Sie haben ihn zweimal getötet." Die Lage eskalierte, in Algier wurden weitere Ordensleute auf offener Straße umgebracht. In Medea bot der Präfekt den neun Mönchen ein leerstehendes Hotel als Unterschlupf an. Doch sie lehnten ab: „Wir wollen bei den Menschen bleiben, sie würden nicht verstehen, wenn wir sie in der Stunde der Gefahr verlassen."

Fünf Wochen nach der Entführung wurde der französischen Botschaft in Algier vom Geheimdienst eine Tonbandaufzeichnung mit einer Nachricht der sieben Brüder zugespielt. Bischof Tessier, der selbst einige Monate später einem GIA-Attentat zum Opfer fallen sollte, erkannte sofort die Stimmen. Als erster sprach Christian: „Heute ist der 20. April. Es ist elf Uhr vormittags. Ich bin Bruder Christian, der Sohn von Monique und Guy de Chergé, ich bin 59 Jahre alt, Mönch des Klosters Tibhirine und Prior der Gemeinschaft. Wir informieren Sie darüber, dass wir Geiseln von Mudschahedin sind, der Jamaa Islamiya. Wir leben und sind bei bester

Gesundheit." Es folgten die Stimmen der übrigen Mönche, die den gleichen Text wiederholten. Nur Luc, der alte Arzt, wagte zu protestieren: „Was ist das für ein Zeug, das ich da vorlesen soll?" Schließlich hörte man noch einmal die Stimme von Christian, der auf die ursprüngliche Forderung der Entführer nach der Freilassung von Gefangenen hinwies, „andernfalls werden wir nicht zurückkehren".

Am Morgen des 21. Mai 1996 wurde der Presse ein Kommuniqué des Emirs der GIA übermittelt, das mit zwei Sprüchen des Propheten und einem Koranvers über „den, der sein Versprechen nicht einhält" begann. Es bestand kein Zweifel, der Text war authentisch, er klang nach brutaler Realität. Nach einer Aufzählung der vom GIA unternommenen Versuche eines Gefangenenaustauschs hieß es wörtlich: „Wir dachten, dass Ihnen tatsächlich daran gelegen war, die sieben Mönche gesund und unverletzt zurückzuerhalten ... Später haben der französische Präsident und sein Außenminister jedoch angekündigt, dass es weder Dialog noch Verhandlungen mit der GIA geben werde. Somit haben Sie den Kontakt abgebrochen und wir haben daraufhin die sieben Mönche enthauptet. Damit haben wir unsere Drohungen wahr gemacht, so wie wir uns gegenüber Gott verpflichtet hatten. Gelobt sei Gott." Es folgen erneut eine Koran-Sure und ein Hadith des Propheten, sowie Unterschrift und Stempel des Emirs der GIA.

Bruder Jean-Pierre nahm nach der schrecklichen Nachricht während der Vesper in ihrem Exilkloster im marokkanischen Fès den schluchzenden Jüngsten in seine Arme und tröstete ihn mit den Worten: „Sei nicht traurig. Was hier geschieht, ist etwas sehr großes. Wir müssen mit dem Ereignis auf der Höhe sein."

Wenige Tage nach der Todesnachricht meldete der Prokurator Pater Veilleux den beiden überlebenden Mönchen, dass man die Brüder gefunden habe, „... aber nur ihre Köpfe". Zusammen mit dem französischen Botschafter, dem Generalkonsul, Bischof Tessier, Dom Bernardo Olivera und den Brüdern Jean-Pierre und Amédée begab er sich in das Militärhospital Ain Naadja in Algier, um die sterblichen Überreste in Empfang zu nehmen. Die Behörden hatten die Särge nebeneinander aufgestellt und bereits verschlossen. Auf jedem Sarg lag eine Rose. Dom Bernardo bat den Oberst, die Sargdeckel zu öffnen. Er lehnte ab, sie seien schon versiegelt. Doch bestand der Ordensgeneral auf seiner Bitte, er kannte die Praxis südamerikanischer Drogenbosse, die Öffentlichkeit mit leeren Särgen zu täuschen. Vor dem Oberst gab er jedoch an, es sei unerlässlich, sich offiziell vom Tod der Mönche zu vergewissern, da er für die Benachrichtigung der Familien verantwortlich sei. Erst dann wurde die Öffnung der Särge angeordnet.

Der Generalabt und sein Prokurator erschraken. Auf dem Filztuch der Särge lagen tatsächlich die sieben Köpfe. Nur Christian und Luc waren noch zu erkennen. Ein Arzt der Botschaft wurde hinzugezogen, um die Leichen zu identifizieren und den Totenschein auszustellen. Bereits vor zehn Tagen hatte man sie wieder ausgegraben. Dom Olivera schrieb später: „Wir haben unwillkürlich an Johannes den Täufer gedacht. Es war erschütternd. Innerhalb von zwanzig Minuten war alles vorbei."

Die Trauerfeier für sie und den kurz zuvor verstorbenen Kardinal Duval, einem engen Freund der Mönche, fand in der Kirche „Notre-Dame de l'Afrique" statt. Unzählige Priester standen in roten Talaren um den Altar. Papst Johannes Paul II. hatte Kardinal Arinze als Legat nach Algier geschickt. Neben ihm der Erzbischof von Paris, Kardinal Lustiger, vor den Särgen die Familien der Opfer. Draußen auf den Stufen der Marienkirche fanden im Angesicht des Todes Christen und Moslems wieder zusammen.

*Der spätere Jesuiten-General Ignatius von Loyola war als führender Militär ein Haudegen. Auch in den Kampfpausen bei Wein und Frauen. Erst nach einer schweren Verletzung hat er sich auf dem Krankenbett bekehrt. Ebenso radikal wie zuvor in der Schlacht geriet seine Hinwendung zu einem spirituellen Leben in der Nähe Gottes. Der Hinkende war eine charismatische Gestalt und zog mutige junge Männer magisch an. Heute ist sein Orden „Die Gesellschaft Jesu" der größte weltweit, Papst Franziskus inklusive.*

## 10. Stille Audienz beim schwarzen Papst

Ich kannte Loyola nicht wieder. Vor zwei Jahrzehnten kam ich hierher, es war Sonntagvormittag, schwüler später Sommer. Dreißig Kilometer Umweg, nur um in dieses spirituelle Biotop zu geraten. Tausende Pilger drängten sich um die Basilika, wo gerade das Hochamt zu Ende ging. Weihrauch lag noch in der Luft, Orgelfurioso tobte über dem Goldglanz der Altäre, pathetisches spanisches Barock. Hinter den Marmorsäulen schleuste man uns in Nachbarräume mit überlebensgroßen Fresken, vor denen betagte Frauen Rosenkränze beteten. Ignatius, der hier verehrte Ordensgründer der Jesuiten, erschien wie ein unnahbarer Held. Vor der Anmache der Devotionalienhändler ergriffen wir die Flucht.

Doch diesmal war alles anders. Ein stiller Frühlingsnachmittag, im schattigen Park keine schwarze Soutanen, keine Novizen in Reih und Glied, sondern Liebespaare, ungenierte Zärtlichkeit. Im Innern der Kirche angenehme Kühle, grauer und rosa Marmor aus dem nahen Izarraitz-Gebirge. Aus diskreten Lautsprechern tröpfelte ein Concerto grosso; zwar deutsche und amerikanische Touristen, aber moderate Fragen, Stirnrunzeln, Staunen, manchmal küsste einer flüchtig die Reliquien. Auf den Seitenaltären die zur zentralen Silberfigur weisenden Weggefährten des Heiligen: Francisco de Xavier, Alonso Rodriguez, Pedro Claver, Francisco de Borja. Geballte Glaubenskraft, die Phalanx der Gegenreformation.

Dann führte eine Pforte in den Innenhof, wo sich eingefangen von Klostermauern das Geburtshaus, das Schloss Loyola befindet. Mit einer Vorderfront aus Bruch- und Ziegelsteinen zählt es zu den landesüblichen „Casa-torre", eher wehrhafter Bauernhof als mondäner Adelssitz. Über dem Eingang das alte Wappen der Familie: ein an Ketten baumelnder Kessel zwischen zwei Wölfen. Inigo, wie der berühmte Sohn damals noch hieß, ist hier in der Heiligen Nacht 1491 zur Welt gekommen. Kurze Zeit später entdeckten zwei andere Spanier Amerika und den Seeweg nach Indien; große Aufbruchszeit also.

Vor der Casa, die heute bis zum Speicher als Museum eingerichtet ist, befindet sich eine Skulptur von Cescati: Die Heimkehr des Schwerverletzten nach der Belagerung Pamplonas durch die Franzosen. Ein sehr naturalistisches Kunstwerk, ganz auf Compassion ausgerichtet. Zwei Träger schleppen den Verwundeten vor das Vaterhaus, ein Geschoss hat seinen rechten Unterschenkel zerschmettert, strähniges Haar fällt ihm in das von Schmerzen ausgehöhlte Gesicht, ein Ritter beugt sich zu ihm herab, zu seinen Füßen ein Hund. Vor dieser Haustür ist es eine dramatische Szene, doch schafft sie klare Verhältnisse und den eigentlichen Übergang zu dem, was die Besucher im Innern erwartet: unmittelbare Nähe zu einem großen Leben, das hier, in dieser abgelegenen Burg baskischen Landadels, nicht nur seinen Ausgang nahm, sondern in den strengen Monaten nach der Rückkehr des 26-jährigen Haudegens eine weltverändernde Wende erfuhr.

Ein jesuitischer Meisterdesigner hat bei der Neugestaltung dieses Museums Regie geführt und die im Laufe der Jahrhunderte angehäuften Kitschgebirge radikal abräumen lassen. Er wollte diesem Vaterhaus seine ureigene Spannung zurückgeben, um einen Ort schwieriger Konversion zu zeigen. Schon im dämmrigen Erdgeschoss berührt diese Nüchternheit; sachliche Hinweise, diskrete Spuren statt Himmelsbestürmung und verzückte Posen. Ähnlich wie heute noch im baskischen Bauernhaus üblich, diente der Raum als Keller und Pferdestall. Schießscharten sind in die zwei Meter dicken Mauern gebrochen, eine kleine Kanone ist zu sehen, doch schafft eine Christusfigur aus dem 16. Jahrhundert einen nahezu spartanischen Kontrast zwischen diesem Parterre groben Kriegshandwerks und dem Dachgeschoss der Bekehrung zum Frieden.

Im ersten Stock Küche und Wohnräume, die Feuerstelle, der gemeinsame Esstisch für Herren und Knechte. Im zweiten Stock das Zimmer, wo Inigo Lopez de Loyola als letztes von 13 Kindern geboren wurde. Daneben die Hauskapelle mit Pietà und Triptychon, gleich spürt man, Entscheidendes hat sich hinter den Gitterstäben abgespielt. Das Dachgeschoss diente als Kinder- und Gästezimmer, hier hat er von seiner Amme Maria, der Frau des Schmieds aus dem benachbarten Hof Equibar, die ersten Worte auf Euskara, der Sprache seines baskischen Volkes gelernt. Im nördlichen Raum wurde der Schwerverletzte gepflegt, hier erfuhr er in langen Monaten des Gebetes und der Lektüre eine ganz andere Heilung. Nach drei folterartigen Operationen hatten ihn die Ärzte schon aufgegeben. Im „Bericht des Pilgers" erzählt er Erlebnisse aus dieser Zeit des Wartens, es sind existenzielle Szenen der Lebensentscheidung und des Durchbruchs zum Eigentlichen. Der Raum war auch ein Ort erster Visionen: eine Mutter mit Kind, heilende Nähe.

Im Treppenhaus noch ein erschütterndes Zeitgemälde, die Überführung der toten Kaiserin Isabel von Toledo nach Granada. Ihr Mann, Franz Borgia, nimmt daraufhin Abschied von seinen Kindern und tritt in die Gesellschaft Jesu ein, der er schon heimlich seit vier Jahren angehörte ... In der Hauskapelle von Loyola las er seine erste Messe und spendete einem Sohn die Kommunion. Daneben findet man, im scharfen Kontrast, Werke und Schriften zeitgenössischer Jesuiten: Teilhard de Chardin, Augustin Bea, Karl Rahner, Henri de Lubac und, bis zu seiner Begegnung mit Adrienne von Speyr, auch Hans Urs von Balthasar. Alles Männer weiter Sicht und großen Mutes, die der Kirche den Weg in das neue Jahrtausend wiesen. Keineswegs „schwarze Eier, die hier in den Bergen ausgebrütet werden", wie Kurt Tucholsky nach einem Besuch in Loyola lästerte.

Wir sahen die in Leder gebundenen Bücher, die Ignatius damals las: Die „Legenda aurea" und Ludolf von Sachens vierbändiges „Leben Jesu". Wir sahen still Betende in der „Capella de la Conversion", der Kapelle der Bekehrung. Das sind leise ergreifende Orte: eine Spannung liegt im Halbdunkel. Hier fand seine entscheidende Begegnung statt. Der Ruf Gottes kam flüsternd an diesem Ort der inneren Wandlung von Angesicht zu Angesicht mit dem Herrn. Wir sahen schließlich seine Totenmaske, die der von Goethe nicht unähnlich schien. Der vermeintlich „schwarze Papst" in strahlender Gelassenheit.

Jesuiten sahen wir nicht. Nur ein Pförtner steckte uns gratis ein Faltblatt in deutscher Sprache zu. Dann traten wir wieder auf den großen Platz und schwiegen wie nach einer ernsthaften Lektion. Auf den Parkbänken saßen Frauen, munteren Gesprächen zugetan. Loyola war leicht wie der Abendwind, der von der nahen Küste herüber wehte. Vielleicht war es auch Geist, der weht, wo er will.

*Nachts auf der Autobahn taut er auf, auf den Routen zu seinen Vortragsorten beginnt Anselm Grün zu erzählen: Seine erste Predigt als Kind auf dem Küchentisch, das Begräbnis eines Vogels, der frühe Eintritt ins Kloster, eine Entscheidung fürs Leben. Inzwischen kennen ihn Millionen Leser, Zuhörer und Zuschauer in aller Welt. Doch an sich ist der Redner, Talker und Autor kein Medien-Promi. Vor allem ist er ein Mönch, darauf legt er Wert. Ein Beter.*

## 11. Unterwegs mit Anselm Grün

Immer ist sein Schmunzeln eine spontane Neigung, der er treu bleibt. Sie gilt für viele Stimmungslagen. Feine Fältchen an den etwas zusammen gekniffenen Augen, der breite Mund über dem weißen Bartgestrüpp. Neben der angeborenen Freundlichkeit ist da auch eine Spur mönchischer Gelassenheit, die von Trübsinn nichts hält und das laute Lachen vermeidet. Tritt man ihm erstmals gegenüber, beginnt gleich der richtige Gesprächsfaden: liebenswürdig, aber bitte keine Harmlosigkeiten. Sein Gang hat etwas Tänzerisches, schlendern ist nicht seine Sache. Er saust nicht über die weiten Klostergänge, doch sein Schritt wirkt unternehmerisch. Von der Vigil vor dem Morgengrauen bis zum Marienhymnus am Ende des Nachtgebetes ist er unterwegs, das ist sein

Rhythmus. Eine halbe Stunde Siesta muss sein, aber sie reicht. In seinem Arbeitszimmer trägt er Räuberzivil, Cordjeans und Pullover. Das schwarze Habit, mit Skapulier und Kapuze, ist jedoch sein Markenzeichen. Bei Vorträgen oder in Fernsehstudios ist er gleich daran zu erkennen. Es gibt eine „Ikone Anselm Grün": westlicher Wüstenvater oder gepflegter Athos-Mönch. Er legt Wert auf dieses Aussehen, es vermittelt viel Einfachheit und benediktinisches Selbstverständnis, unprätentiöse Demut und die Lebensorientierung, an der Barmherzigkeit Gottes niemals zu zweifeln.

Als wir uns zur Vorbereitung seiner Biografie das erste Mal trafen, war das eine komplikationsfreie Begegnung. Noch früh, hatte er gerade die beste Zeit des Tages im Gebet und mit geistlicher Lektüre verbracht. Leicht und federnd kommt er daher, keine Formalitäten, nur eine Einschränkung: kein Heiligenleben. Umgeben war er in seiner damaligen Funktion als Cellerar und Generaldirektor des Großunternehmens „Abtei Münsterschwarzach" von Papier- und Bücherhaufen. Sein Schreibtisch geordnetes Chaos, Telefon, Handy und PC griffbereit, wichtiger noch sein kleiner Notizblock, den er, immer wenn es wichtig wird, aus der Tasche zaubert. Es wird oft wichtig.

Auffallend in diesem Raum fließender Arbeit war als Dekor eine unübersehbare Hommage an Franz von Assisi. Für die kontemplativen, bisweilen etwas überstudierten Benediktiner ist diese Präferenz nicht selbstverständlich. Doch passt sie zum Naturell von Pater Anselm, der auch den Schwalben und Rotkehlchen Vorträge halten könnte. Tatsächlich ist er unter seinen hundert Mitbrüdern in der Abtei ein Unikat. Wie ein *rolling stone* bewegt er sich seit Jahrzehnten zwischen dem Mönchschor unter dem grünen Christus und der näheren und weiten Welt hin und her. Sei es ins schwäbische Bollersdorf oder nach Taiwan. Das allerdings mit eiserner Disziplin. Von Empfängen durch Honoratioren will er bei seinen Veranstaltungen nichts wissen, Nachtessen kommen nicht in Frage, auch erscheint er nicht als Beichtvater oder Erzähler aus dem Nähkästchen. Auf den langen Fahrten über deutsche Autobahnen sitzt er selbst am Steuer seines VW-Golf älteren Jahrgangs. Nichts ist ihm wichtiger nach all diesen Vorträgen, Kursen und Seminaren, als wieder rechtzeitig in der Gemeinschaft zu sein, wenn oben in den vier Türmen der Abteikirche die Glocke zum Gebet ruft, dem nach der Regel des hl. Benedikt „nichts vorzuziehen ist".

Wie lange Anselm Grün diesen Spagat zwischen Mönch und Vortragsreisendem durchzuhalten vermag, ist sein Geheimnis. Sieht man ihn hinter all den Mikrofonen, in Blitzlichtern, unter Scheinwerfern, auf Podiumsdiskussionen, Pressekonferenzen und an den Rednerpulten von Dorfsälen oder

Kirchentagen, ist von Stress nichts zu spüren. Immer dieses gütige, um die Dinge des Lebens wissende Schmunzeln, die drahtige Figur des Durchtrainierten, die druckreife freie Rede, die gelassenen Antworten auf komplizierte Fragen. Allein er selbst weiß, wo die Grenzen liegen, kleine warnende Hinweise hat es schon gegeben. Spitze Zungen behaupten, er werde nicht in seiner Mönchszelle sterben, sondern vor laufenden Kameras auf der Bühne ...

Seine Geschwister, Neffen und Nichten haben sich ein waches Auge und Ohr dafür bewahrt, dass die Erfolgsgeschichte ihres Bruders und Onkels Willy, wie er mit seinem familiären Namen heißt, nicht in Aktionismus umkippt. Die Ferien, die den Mönchen von Vater Abt gewährt werden, verbringt er vorzugsweise bei seinen Angehörigen. So betreut ihn seine Schwester, die Schriftstellerin Linda Jarosch, im oberbayerischen Murnau wie einen Sohn. Mit Blick auf das Moos und die Berge des Werdenfelser Landes genießt er die Ruhe. Er liebt es, besonders weit im Staffelsee hinauszuschwimmen. Die tägliche Eucharistie bleibt die Kraftquelle des Tages.

Die Lebensgeschichte von Anselm Grün zeigt eine manchmal beängstigende Linie der Kontinuität. Schon als Kind predigte der Messdiener auf dem Küchentisch seinen Geschwistern und Freunden. Früh ging es ohne viel Abschiedstränen zur Klosterschule von Münsterschwarzach. Bald folgten Eintritt im fast noch jugendlichen Alter, Noviziat und Ablegung der Gelübde: Gehorsam, Keuschheit und Armut, spannend gegen den Sog bourgeoisen Lebens. Sein Vater wollte schon Mönch werden. Sein Onkel Pater Sturmius wird in der Abtei sein Mentor, zwei Tanten sind Nonnen. Sein jüngerer Bruder hadert, ihm in die Klausur zu folgen. Ein Vetter zieht mit ihm ins Kloster. Der offenbar wohlbehütete Anwärter ist in diesen Jahren nahezu sportlichen Beginnens von größeren Zweifeln verschont geblieben. Äußerte er Bedenken, war gleich die Crew seiner klösterlichen Onkel und Tanten zur Stelle, die ihm in resoluter Milde zusprachen. Doch ist er in das geistliche Leben nicht von einer konzertierten Familien-Lobby geschubst worden. Wesentlich war der persönliche Ehrgeiz, seine Berufung ernst zu nehmen. Er war sich, bei aller Behütung, voll bewusst, dass es sich dabei nicht um einen „Job" handelte, auch nicht um einen sanften Höhenweg in die Seligkeit. Der frühe Abschied vom Elternhaus, die Klosterschule und das familiäre Umfeld hatten ihn allerdings für die Herausforderungen hinter den hohen Mauern bestens gerüstet. Der junge Mann war wie modelliert für dieses Leben des „Kriegsdienstes unter einem Abt und der Regel", wie der Mönchsvater Benedikt von Nursia schrieb.

Dass sich Willy Grün für den Klosternamen Anselm entschied, war keine Frage der Laune. Der hl.

Anselm von Canterbury wird in der Kirchen- und Philosophiegeschichte vor allem als intellektueller Architekt eines Gottesbeweises gerühmt. Gewiss hatte dies bei der Namensfindung einen Einfluss, doch schätzte der eingekleidete Kandidat auch die tiefe Frömmigkeit seines Vorbildes. Diese Mischung mystischer Rationalität gab den Ausschlag. Gott nicht als Stimmung, sondern als schweigsame Realität. So waren die Anfangsjahre unter einem charismatischen Novizenmeister wie auf Rosen gebettet. Das Studium der Benediktinerregel, der Mönchsväter und der Ordensobservanzen wirkten auf die Gruppe der Anfänger beflügelnd. Die besondere Ausrichtung von Münsterschwarzach als eine Abtei der Missions-Benediktiner gab dem geistlichen Leben einen Hauch von großer weiter Welt. Die Gründungen in Afrika, Asien und Amerika bedeuteten zugleich die Möglichkeit, noch ferner von der Heimat ein neues Leben zu beginnen. Hier wurden keine Weltfremde ausgebildet, sondern mutige Beter auf abenteuerlichen Wegen nach innen und außen.

Das II. Vatikanische Konzil, das bald darauf in Rom eröffnet wurde, hatte auf solche Optionen einen zunächst begeisternden Einfluss. Da lag eine neue und herbeigesehnte Frische über der alten Kirche, die vor allem junge Menschen mitriss. Bruder Anselm, der zum Studium nach Rom geschickt wurde, hat diesen Aufbruch aus nächster Nähe erlebt. Oben auf dem Aventin über der Tiberbiegung befand sich in der Abtei San Anselmo das intellektuelle Zentrum des Ordens. Hier residierte der Abtprimas Kardinal Gut, hier lehrten die besten Köpfe der Theologie und Kirchengeschichte. Die mönchischen Studenten kamen aus aller Welt. Mit Blick auf die Kuppel des Petersdomes war die von der rumorenden Stadt abgeschirmte Abtei ein Standort geballter geistiger und geistlicher Kraft.

Eine solch herausragende Lage barg bei fortschreitenden Beratungen der Konzilsväter auch Risiken. Dort, wo um einschneidende, historische Reformen gestritten wurde, lag San Anselmo an exponierter Stelle. Das Ringen um neue Wege, die Debatten um die Dekrete und vor allem die brodelnden Begegnungen in abendlichen Gesprächskreisen am Rande der Konzilsaula brachten San Anselmo mit seinen renommierten Professoren und internationalen Verbindungen in eine Frontposition. Nichts geschah in den Reihen der Bischöfe in der Konzilsaula, das nicht oben in der Abtei wie mit einem Sensor registriert worden wäre.

Der aufhorchende Bruder Anselm hat das bereits bei der Diskussion über das erste Konzilsdekret über die Liturgiereform erfahren. Als über Kirchenlatein, Ritual und gregorianischen Choral beraten wurde, die den Benediktinern so wichtig sind, herrschte starke Betroffenheit, die zwischen freudiger Zustimmung und vehementer Ablehnung schwankte. Der greise Abtprimas zog sich überfordert in seine Privatgemächer zurück. Seine aufgeregten Studenten spitzten in den Hörsälen die Ohren. Konzilsberater vom Range der Theologen Yves Congar, Hans Küng, Jean Daniélou oder Joseph Ratzinger machten von sich reden. Nach dem Tod von Papst Johannes XXIII. entschied sich das Konklave für den als „Hamlet" bezeichneten Kardinal Montini als Nachfolger. Ein Foto aus jenen Jahren zeigt Bruder Anselm bei einer Audienz neben dem neuen Papst Paul VI., beide zwar lächelnd, doch innerlich besorgt über den hohen Seegang, in den die Kirche aufgebrochen war.

Vielleicht ist es bezeichnend für den Menschen Anselm Grün, dass er diese aufgewühlte Zeit vor allem mit Studium verbracht hat. Er hat nicht nur viel gelesen, sondern alles verschlungen, was ihm an Literatur zugänglich war. Er ging nicht auf die nun errichteten Barrikaden, sondern in Deckung. Was aufkam, war eine stille Sehnsucht nach Orientierung im Glauben. Im Bollwerk Kirche brachen schmerzliche Ungewissheiten aus.

Bald nach seiner Rückkehr ist Br. Anselm in Münsterschwarzach, nach den intellektuellen römischen Frontkämpfen, mit den konkreten Schützengräben in seinem Kloster konfrontiert worden. Es hätte ihn fast umgehauen. Nichts war mehr, wie es früher einmal war. Der Gehorsam gegenüber dem Abt nahm

Schaden, oft wussten die Oberen selbst nicht, weshalb und wohin. Das Keuschheitsgelübde wurde besonders herausgefordert, die Zölibatsdebatte machte vor den Klostermauern keinen Halt, zahlreiche Patres traten, mit oder ohne Zustimmung der Oberen, aus. Manchmal geschah es über Nacht, meist war eine Frau im Spiel. Vor allem, wenn es sich um angesehene Persönlichkeiten handelte, traf es die Gemeinschaft wie einen Keulenhieb. Nicht nur die Jungen waren ratlos, auch die Alten verstanden die Welt nicht mehr. Alles, was man ihnen als richtig und wahrhaftig verkündet hatte, wurde in Frage gestellt. Br. Anselm, dessen Weg ins Kloster so früh und so nahtlos begann, sah ringsum nur noch Konflikte, Zweifel und sich leerende Ränge.

Für ihn und eine kleine Gruppe von Gleichgesinnten kam die Rettung bezeichnenderweise von außerhalb der Kirche. Es war eine kuriose Zeit: Neue Entwicklungen stammten von Hippies, Studentenrevolutionären und grünen Pionieren, die in den tieferen Schichten ihrer Inspiration auch spirituelle Hoffnungen hegten. Fernöstliches Mönchstum beim Nepal-Tourismus, franziskanische Einfachheit der Blumenkinder von San Francisco und das Lob der Schöpfung in ökologischen Bestsellern waren bevorzugte Themen. Die Rückbesinnung auf die Reise nach innen im Zuge der von Martin Heidegger kritisierten „wild tobenden Technik", dem Profitdenken des Großkapitals und der Zerstörung der Umwelt wurde auch im Schwarzwaldwinkel Todtmoos-Rütte in einer Einrichtung mit dem ambitiösen Namen „Existential-Psychologische Bildungs-und Begegnungsstätte" gepflegt. Im „Herzlhaus" des Psychotherapeuten Karlfried Graf Dürckheim und der Psychologin Maria Hilpius entdeckten sechs Mönche, eine sogenannte „Räubersynode" aus der Abtei Münsterschwarzach, einen rettenden Anker.

Während der Graf und seine „Hexe" sich wunderten, dass ausgerechnet Mönche bei ihnen eine Zuflucht suchten, entdeckten diese in dem gar nicht klösterlichen Rahmen einen Ort der geistigen Besinnung, fernab aller Rituale und Regeln. Die Patres waren entschlossen, sich von der Austrittswelle in Kloster und Kirche nicht erfassen zu lassen. Die eigentliche Therapie bestand aus einer Mischung der uralten Sprüche mönchischer und eremitischer Väter aus den Wüsten Ägyptens und dem 20-bändigen Werk des Gründers der Psychoanalyse, C.G. Jung. Beides zusammen, Erfahrungen der Urkirche und Durchblick der Tiefenpsychologie, waren Weisungen, die in die Gottsuche führten, jedoch mit einem von allem Unrat befreiten, illusionslosen Zugang des Herzens. Dieser Weg verband Einfachheit und Intensität. Er führte zurück zu den Quellen des mönchischen Lebens und berührte jene Begeisterung, von der die „Räuber-Mönche" bei ihrer Berufung beseelt worden waren. An sich ging es um die Echtheit eines ebenso gewagten wie verheißungsvollen Lebens. Die Gruppe kehrte mit einem Rüstzeug in ihre Abtei zurück, das den Verlockungen „der Welt" gewachsen war. Doch über eine rein defensive Haltung hinaus brachten sie die Voraussetzungen für einen Aufschwung mit. Geistliche, die orthodoxen Mönche würden sagen „göttliche" Energien für einen Neuanfang auf der Höhe der Zeit.

Gründe und Grundlagen für das neue Münsterschwarzach liegen hier. Die Erfolgsgeschichte des geistlichen Autors und von hunderttausenden Zuhörern begehrten Redners Anselm Grün nahm in diesem Aufbruch ihren Anfang. Auflagenzahlen und Besucherrekorde sind nur die äußeren Zeichen eines ganz anderen Formats. Die Rückkehr zu den Ursprüngen, verbunden mit einem Durchblick auf die inneren Nöte der Menschen, lassen deren Sehnsucht nach einem Flüsterwort Gottes aufleuchten. Die Genüsse, Verlockungen und Verirrungen des Lebens haben, bei allem Wohlstand und technologischem Zauber, ein Bedürfnis nach den sooft vergessenen Werten Liebe, Herzensfrieden, Güte und Gottsuche entstehen lassen. Es manifestiert sich scheu im tiefen Gebet.

Die aufhorchende Stille in den überfüllten Sälen von Pater Anselms Vorträgen ist dafür ein Symbol. Sie legt die Aufgaben und Zukunft des Christentums offen, heilende Quelle im aufgewühlten Strom der Zeit zu sein. „Vater, gib mir ein Wort", baten die Sucher in den Wüstenklöstern. Das sind auch die Hoffnungen der Menschen heute. Warten auf ein väterliches Wort. Warten auf Heiligen Geist, der auch Lebensspender und Tröster genannt wird.

*Lourdes in den französischen Pyrenäen ist ein Ort des Abenteuers. Mehr als hundert Kitsch-Jahre haben daran nichts geändert. Das Eigentliche ist Wasser und Feuer, Segenswasser und Kerzenschein. Die heilige Bernadette Soubirous nannte Maria „die schöne Dame". In einer bäuerlichen Umwelt bedeutet das staunende Bewunderung, viel Verehrung. Hunderttausende pilgern jährlich zu ihrer Grotte. In unserer gefährdeten Zeit ein Zeichen, eine Klarstellung, ein Blitz, Wetterleuchten, wenn es Abend wird.*

## 12. Die Zärtlichkeit einer Frau

Lourdes kann man nicht verstehen, alles spricht dagegen. Selbst eifrige Pilger haben keine Probleme damit, ihre Plädoyers für den Wallfahrtsort mit heftigen Attacken gegen Rummel und Geschäft zu beginnen. Das Phänomen ist kein ausschließlich christliches: Stätten starker Emotion locken überall auf der Welt die Massen an. Sie mobilisieren eine tief im Menschen verborgene Sehnsucht nach einem Codewort für Erlösung, nach einem Lichtstrahl im Dunkel des Lebens, nach Heil und Heilung. Obwohl in jeder Dorfkirche, in jedem Liebesblick und jeder brüderlich gereichten Hand eine tiefe Begegnung stattfindet, gibt es, offenbar durch die Jahrhunderte hinweg, eine Suche nach einem magischen Ort, wo dies noch umwälzender und handgreiflicher geschieht. Hier wollte ich hören, sehen, zuschauen, vielleicht sogar mehr.

Es wundert nicht, dass dieser Glaube Wunder bewirkt. Sie finden ja auch im normalen Leben überall dort statt, wo der erste Schritt getan, eine Hand gereicht, eine Überwindung gewagt, eine Umarmung geschenkt und ein erlösendes Wort endlich gesprochen wird. Plötzlich ist Horizont für eine andere Sicht, Raum für einen Neuanfang, Durchbruch zur Befreiung. Wer sich je in solche Nachbarschaft begeben hat, weiß, dass diese Erfahrungen zwar erhofft und erfleht werden können, jedoch letztlich gewährt werden. Sie kommen aus einer anderen Richtung als unsere Wünsche. Dieser mysteriöse Ursprung von Geschenk und Gnade ist auch daran zu erkennen, dass er die Sehnsucht auf ungeahnte Weise übertrifft. Das „Hundertfache", das der Herr denen verspricht, die ihm ins Unverhoffte folgen, wird in solchen Situationen, vielleicht nur für Bruchteile von Sekunden, konkrete Wirklichkeit.

Ein Ort von der geographischen Brisanz wie Lourdes besitzt eine besondere Eignung für existenzielle Erfahrungen. Vor den Ereignissen um Bernadette Soubirous waren hier Bergwüste und große Einsamkeit. Wo hat sich Gott jemals mächtiger offenbart als in solcher Einöde? Vom Sinai bis zur

Thebais, vom Athos bis zur Grande Chartreuse lassen sich die spannenden Namen aufzählen. Viel mehr noch: Wenn der Sohn Gottes je verführbar war, dann in der Wüste. Es ist nicht nur ein Ort des Rückzugs, sondern der Angriffe und des Kampfes. Jakob hat dort mit dem Engel gerungen nur um eines „Segens" willen. Elias hat dort ausgehalten, Gott im Sturm, Blitz und Beben herbei zitternd, bis es schließlich in einem „sich leise verbreitenden Säuseln" geschah. Hosea redete dort zum Herzen seiner sich prostituierenden Frau. Antonius, der Urvater des Mönchtums, hat sich in Gräbern und im Gebirge des Wadi Araba den Dämonen ausgesetzt und verwundet widerstanden. Die Reihe lässt sich durch die Jahrhunderte bis zum heutigen Tag fortsetzen. Die Wüste hat sich in die tristen Vorstädte gieriger Metropolen ausgeweitet.

Von den abenteuerlichen Tagen der Anfänge sind in Lourdes das Wasser und das Feuer geblieben. So sehr sich auch die Händler um die schmalzige Vermarktung bemühen, haben sie die Quelle nicht zum Versiegen und das Licht nicht zum Erlöschen gebracht. Feuer und Wasser sind Urelemente des Lebens. Der Geist schwebte über den Wassern, die Feuerwolke war Zeichen göttlicher Nähe. Griechische Philosophen haben darauf ihre Weisheit, große Forscher ihre Entdeckungen begründet. Noch immer geht bei Tsunamis oder Waldbränden Schrecken und Tod damit einher. Doch ist ihre rettende

Funktion größer. Wasser des Lebens, Licht in der Dunkelheit.

Wüsteneinsamkeit, Wasser, Feuer – Lourdes birgt noch eine andere heftige Seite. Es ist die geballte Not. Die Todkranken, Leidenden, Unheilbaren, Verletzten, Verzweifelten, Gebrechlichen, Behinderten, Lebensmüden, Einsamen, Armen und Allerletzten suchen hier eine Zuflucht: Die große Masse derer, die verloren haben. Vielleicht ist es die stabilste soziologische Gruppe der Weltgeschichte, immer wieder Menschen in Not, ob unter ägyptischen Pharaonen oder aztekischen Sonnengöttern, ob unter abendländischen Kaisern und Despoten, unter Völkermördern im Rauch von Auschwitz und Treblinka, unter Pol-Pot-Tyrannen, Gulag-Schergen, Junta-Obristen oder IS-Kommandos. Immer Gefangene, Gefolterte, Ermordete und Vertriebene. Immer vor Hunger und Elend unschuldig Sterbende. Die Kinder und die Frauen zuerst.

Lourdes ist einer jener magischen Orte auf dieser Welt, wo die uralte Not der Menschen noch eine Stimme hat. Erhörung ist nicht die sich auf zauberhafte Weise auflösende Bedrängnis, sondern eine nicht beim Namen zu nennende Gewissheit, dass die bange Stimme in jene Stille eingegangen und aufgenommen worden ist, die sich in der unscheinbaren Berggrotte öffnet. Jesus hat mit der armen Herde aller Zeiten, „die keinen Hirten hat", ein sehr männliches Mitleid gehabt. Er hat sie nicht allein gelassen.

Deshalb können die Wunderstatistiken der Pilger-Administration mit dem eigentlichen Trost der zärtlichen Mitleidenschaft Gottes nie konkurrieren. Lourdes ist ein „wundersamer" Ort, weil er jedem einzelnen in der enormen, unaufhörlich heran strömenden Flut armer Menschen eine nur ihnen verständliche Botschaft „flüstert".

Dass dies durch eine Frau und durch ein ahnungsloses armes Mädchen geschieht, gehört zu jenem Phänomen mysteriös-mystischer Kräfte, die sich hier seit Jahrzehnten entfalten. Zwischen Wüste, Stein, Wasser, Feuer und jener wie Treibgut anbrandenden Not-Gemeinschaft vermittelt die Zärtlichkeit einer Frau. Die große Faszination, die von ihr ausgeht, ist ihre Lichtgestalt aus Schönheit und Reinheit. Wer Lourdes und manch andere Erscheinung Mariens verstehen will, sollte sich über die Schönheit dieser „Dame" keine süßlichen Vorstellungen machen.

Wer je von der Macht der Schönheit einer Frau berührt worden ist, wird besser verstehen, was gemeint ist: umwerfende, restlos alles in den Schatten stellende Schönheit, die sich aus einer Tiefe verschenkt und die nicht den „Love"-Kriterien dieser Welt unterliegt. Dostojewski war sich nach seinem Leidensweg durch die Totenhäuser sicher: „Die Schönheit wird uns frei machen." Auf den Bildern russischer Ikonenmaler leuchtet davon etwas durch, wenn die Gottesmutter ihr Kind mit jenem

Lächeln hält, das mehr weiß und mehr aushält als alle Abgründe dieser Welt.

Reinheit und Keuschheit werden heute als Tugenden einer überwundenen, rückständigen Zeit belächelt. Auch die Kirche hat sehr zu Kritik und Enttäuschungen Anlass geboten und Herzen verletzt. Die Missbrauch-Skandale sind ihre Schande. Die Päpste Johannes Paul II., Benedikt XVI. und Franziskus haben darüber geweint. Nicht vergessen ist auch jener Erziehungseifer gegen die echte Lebensfreude, der sich in christlichen Schulen und Seminaren eher an kleinliche Paragraphen hielt als an die nie getrübte Sicht der Heiligen aller Zeiten, die ins Weite hinaus führt. Sie ließen sich in der Verfolgung zerreißen und hielten in der Nacht des Glaubens aus. Ihre Körper waren nicht in der von zeitgenössischen Literaten missverstandenen „Leichtigkeit des Seins". Nicht blutleer entrückt, sondern an kämpferischen Grenzen. In jeder ihrer Biografien steckt ein grandioser Funke großer Liebesfähigkeit, sei es in der Hingabe, Leidenschaft, Güte oder Tapferkeit. Die Heiligenleben sind der stärkste Gottesbeweis, er zwingt nicht mit spekulativer Vernunft, sondern macht offen für das Eigentliche menschlicher Sehnsucht.

Die Zärtlichkeit „Unserer Lieben Frau" ist den Heiligen vorausgegangen. Ihre Präsenz hat sie alle zutiefst berührt. Keiner, keine, die sich dieser Nähe entzogen hätte. Deshalb grüßt man die junge

Schwangere auf dem Bergpfad von Judäa in stürmischen Litaneien und mönchischen Nachtgebeten völlig unroyalistisch als „Königin". So wie eine weiße Seite von Worten belebt wird, bleiben die Worte, die der Engel an sie gerichtet hat, in jedem „Ave Maria" eine Botschaft bis zum Ende der Zeiten. „Voller Gnade" und „gesegnet unter den Frauen" zu sein ist das unüberbietbare Geheimnis aller Fraulichkeit. Im Körper Mariens hat Gott sein ewiges Bild gestaltet. In Lourdes können wir etwas davon entdecken und uns überall dort, wo es aufleuchtet, ihm anvertrauen.

*Die Gründung eines neuen Klosters in der burgundischen Einöde von Cîteaux war ein Putsch gegen die Müdigkeit der mittelalterlichen Kirche. Statt kunstvoller Manuskripte harte Feldarbeit. Statt Pilgerscharen lange Nachtwachen, frugale Nahrung und grobe Kleidung. Die ersten Äbte waren Heilige, sie räumten in der Kirche alle Ornamente weg. Nichts anderes als das Kreuz. Per crucem ad lucem, durch das Kreuz zum Licht. Wenige Jahre später wurde ganz Europa von dieser revolutionären Reform erfasst. Die Menschen wollten wieder das Beten lernen.*

## 13. Hingeworfen am Ende der Nacht

Ich liebe diese Region und seine sonderbare Nachbarschaft: Cîteaux, der alte Ort der Disteln und Dornen in der Ebene; ringsum aber die besten Lagen der Burgunder-Weine, Clos-Vougeot, Gevrey-Chambertin, gegenüber auf den Höhen Nuits-St-Georges. Mondänes Genießen und strenge Einfachheit. Seit der Gründung des „novum monasterium" im ausgehenden 11. Jahrhundert ist hier ein Schnittpunkt geblieben. Dem damaligen Zeitbruch ins Verheißungsvolle ist heute ein Zeitbruch ins Ungewisse gefolgt. Wo bleiben, wo Hunderte eintraten, die jungen Neuen? Mehr als eine Wende, öffnet sich eine offene Wunde drohenden Niedergangs. Wie lange hält eine

Gemeinschaft das Fehlen von Nachwuchs aus? Die Verweigerung kühner Treue? Wer „folgt mir nach"? Oder „wollt auch ihr gehen?"

Als im unwegsamen ländlichen Süden von Dijon die Gründerväter Hand anlegten und mit Nachtwachen, Fastenzeiten und Schweigen mit der berühmten Großabtei Cluny konkurrierten, geschah dies in einer historischen Stunde, die sich zunächst nahezu demütig ankündigt hatte, dann aber furios ausbrach und die Grenzen des damaligen Europas aufriss. Bis nach Russland und Skandinavien reichten die Neugründungen der weißen Mönche.

Während das riskante Experiment der ersten Äbte Robert von Moslesmes, Albericus und des Engländers Stephen Harding zu scheitern drohte, trat der junge Adlige Bernhard aus dem Schloss von Fontaine-les-Dijon zusammen mit einer verschworenen Gemeinschaft von dreißig Brüdern und Cousins in dem als „Zuchthaus" verrufenen Kloster ein. Es wirkte wie ein Sog: bei den harte Arbeit gewohnten Leibeigenen, die einen Fetzen Freiheit suchten, doch auch im Landadel, dessen Jugend sich nach einem spannenderen Leben als dem der Ritterspiele sehnte.

Statt des Hochmuts der Altäre die spartanische Einfachheit strenger Gottsuche. Nichts als der Gekreuzigte in von allen Ornamenten geleerten Kirchen. Existenzielles Glück in einer müden mittelalterlichen Welt, deren Oberflächlichkeit bedrückte.

Als ich erstmals im Frühjahr 1972 nach Cîteaux kam, waren noch Spuren von diesem Ganzanderen geblieben. Eine hohe Klostermauer grenzt die Landstraße von der Klausur ab. Durch die alte Kastanienallee zogen die schweigenden Mönche in langer Reihe mit hochgezogenen Kapuzen und Holzschuhen zur Feldarbeit. Die Fenster der kargen Gebäude waren vergittert. Hinter dem verschlossenen Tor das triste Gebäude einer ehemaligen Anstalt für schwer erziehbare Jugendliche. Weder romanische Baukunst noch stimmungsvolle Kreuzgänge. Nur die Glocken waren geblieben, ihr Klang aufrüttelnd.

Frühmesse an einem Wochentag in Cîteaux, einige Bauersfrauen sind gekommen. Die Geräuschlosigkeit der Trappisten-Liturgie. Tausendmal wiederholte Gebete, das Blättern der Lektoren, drei sich im Rhythmus beugende Kantoren, der Messdiener mit Wasser und Handtuch. Zum Hochgebet umringen die Mönche den Altarstein, wo sich Wein und Weizen geheimnisvoll wandeln. Die Hostie ist hart wie Landbrot, der Rote stammt nicht aus den begehrten Lagen, er hinterlässt Blutspuren.

In der Bibliothek entdeckte ich die Memoiren des ehemaligen Abtes Dom Marie-Gérard Dubois. Er hat sie „Das Glück in Gott" betitelt, das ist eine gute Einführung, er erzählt nachdenklich; in einem Mönchsleben hat alles Tiefgang, selbst das Scheitern. Ein Foto, das haften bleibt, eine Beerdigung auf dem Klosterfriedhof, der Tote im Mönchsgewand ohne

Sarg: „Bis zum letzten Augenblick bleibt uns sein Antlitz präsent", schreibt Dubois, „zwei Momente, auf die es ankommt, der Augenblick jetzt und der des Todes."

Ich frage mich, wer in solcher Strenge ein Leben der Keuschheit, Armut und des Gehorsams gelobt. Alte, Einsame, Junge, Namenlose. Am Ende bleiben die Berufenen. Markant sind die alles abbrechenden Entscheidungen, um dem mysteriösen Ruf in die Einsamkeit zu folgen. Abenteuerliche Umkehr starker Männer aus einem Leben der Lust und Gottesferne.

Ein Pilot einer Super-Constellation auf dem Linienflug Paris–New York, von Stewardessen verwöhnt und auf Festen gefeiert, macht plötzlich Schluss und tritt in Cîteaux ein. Oder ein Koch im Pariser Nachtleben, von dem er behauptet, „alles zu kennen ..." Auf einer Weltreise mit dem Rad kehrt er in der Wüste um und wird Mönch. Nicht minder spannend der junge Jean Bourgoint, der vom Künstlerpoeten Jean Cocteau in eine homosexuelle Beziehung verführt wird und im Opium unterzugehen droht. Die Hilfe des Philosophen Jean Maritain reißt ihn aus den Fesseln, Weihnachten 1947 tritt er in Cîteaux ein. „Treue, das ist ein Grabenkrieg", sagt er. Nach seinen Gelübden heißt es in einem Brief an Maritain: „Man kennt Gott nur, wenn man ihn liebt ... Wir müssen tief hinab in Christus eintauchen, er spricht leise, wie ein Flüsterer." Mit 60 Jahren stirbt er an einem im ganzen Körper verbreiteten Krebs. Seine letzten Worte: „Nichts ist schöner, als sich für die Schönheit öffnen zu dürfen ... Man kann dem Blick Gottes nur mit Tränen begegnen."

Kein besserer Ort der Lektüre als die Stille eines Trappistenklosters. Noch ehe der Tag dämmert, beginnen die Mönche damit. „Lectio divina" heißt jener spannende Versuch, sich von den heiligen Schriften berühren zu lassen. Plötzlich spielen die Erscheinungsdaten der Bücher keine Rolle mehr, alternd werden sie bedeutender. Der christliche Existenzphilosoph Gabriel Marcel pocht darauf, dass ein kulturelles Erbe sich nicht von Epoche zu Epoche überliefert, sondern „in einem Gefühl der Sympathie". In den langen Bücherreihen der Bibliothek von Cîteaux ist das auf jedem Regal greifbar.

Unter den Biografien entdecke ich die Bücher von P. Charles über Bernhard von Clairvaux und Aelred von Rievaulx: zwei Zisterzienser der ersten Stunde. Père Charles war mehr Poet als Philosoph, seine Kunst vermochte es, die Mystik des Mittelalters mit zeitgenössischen Denkern und Schriftstellern in Beziehung zu bringen. Dabei warb er für eine „Philosophie des Kreuzes", ohne sie gerate der Mensch zu einer „überflüssigen Leidenschaft in einer kaputten Welt". Dann zitierte er Camus: „Christus ist das Ende der Geschichte, die in Adam begann". Oder Nietzsche: „Die schmerzlichste Frage ist die des Herzens, das sich fragt, wo könnte ich mich zuhause fühlen?" Das Zuhause von P. Charles war die Stille in der einsamen Kirche. Was geschieht da, fragte ich. „Wenn es gelingt", sagte er, „von Angesicht zu Angesicht mit dem Eigentlichen."

Im Speisesaal der Gäste hängt ein einfaches Kreuz, bloß aus einem sich ausbreitenden Ast geschnitten. Während wir essen, wird die Tischlesung aus dem Refektorium der Mönche übertragen: zum Lutherjahr das Leben des Reformators. „Gott belohnt nicht, er gibt, mehr noch, er schenkt." Meine Nachbarin, langes schwarzes Haar, fein geschnittene Fingernägel, ein konspiratives Lächeln, wenn sie die Weinflasche reicht. Das Schweigen bei den Mahlzeiten ist ihr fremd. Sie wird morgen in die „Vorhölle" von Paris zurückkehren und wünscht von Cîteaux „Fortsetzungen". Beim Spülen bedanke ich mich für den Service. Ihr Name unbekannt. Man hat sich gesehen und sieht sich nie wieder. In ihrem Blick lag etwas Müdigkeit. Ihre siebenjährige Tochter starb letzten Winter an Blutkrebs, seitdem ist sie „nur noch ein bisschen verheiratet". Vor Anbruch der Dunkelheit sitzt sie in der Kirche. Es ist schön, wenn Frauen einsam beten.

Nachtvigil, der Wecker um 3.30 Uhr ist heute barmherzig. Draußen stockfinster, sternenloser Himmel, frischer Wind aus der Ebene. Fest der heiligen Michael, Gabriel, Raphael und der anderen Engel. „Nocturnes", wie bei Chopin, so heißen hier die Wachen mit je zwei langen Psalmen. Lesungen aus der „Geheimen Offenbarung", die mit zwölf Sternen gekrönte Schwangere, deren Neugeborenes der siebenköpfige Drachen verschlingen möchte, der Endsieg erst im Engelskampf. Dann aus dem Buch Judith, die begehrte schöne Witwe, die gegen den gierigen Holofernes entschlossen zum Messer greift. Es folgt der Zisterzienserabt Wilhelm von Thierry stürmisch klagend: „Du hast mich in die Irre geführt Herr ... Du hältst mich gefangen. Du verweigerst mir die Gnade. Du überforderst mich. Du liebst mich nicht mehr."

Gegen fünf Uhr, am Ende der Vigil, bleibt ein junger Mönch zurück: im Lotussitz, die Kapuze über dem Kopf, eingehüllt im weißen Chormantel, der sich auf dem Boden ausbreitet. Als sie das Licht löschen, schimmert sein Schatten auf dem Holzgestühl. So ist hier das Ende der Nächte. Hingeworfene vor Gott.

Gespräch mit dem Pförtnerbruder, einem Elektriker aus St Nazaire, der vor 48 Jahren hier eintrat. Er klagt über die Jugend. „Wenn sie zu uns kommen, gehen sie nach zwei Monaten wieder, sie haben keine Geduld, sie geben der Gnade der Berufung keine Chance." Keine christlichen Familien mehr, Inflation der Ablenkungen. „Wenn nichts geschieht, werden unsere Jugendlichen zu Heiden ..." Dennoch hat die Abtei 2009 in einem Dorf beim norwegischen Trondheim ein Kloster gegründet. Vier Trappistenmönche, herzlich aufgenommen im Hohen Norden, ein Neubeginn.

Abt Olivier und Prior Frère Michel sind bemüht, den Nachwuchsmangel als Chance zu verstehen. Vor nicht allzu langer Zeit gab es noch jährlich einen neuen Novizen. Jetzt ist die Gemeinschaft auf 25 Mönche geschrumpft, ein halbes Dutzend altersschwach auf der Krankenstation. Doch herrscht keine Panik, sie wollen ihre Gelübde noch intensiver leben, enger zusammenrücken. Frère Michel: „Das Mönchtum ist ein Bestandteil Frankreichs, der immer bleiben wird, wenn auch die Formen wechseln ... Alles ist eine Frage der Liebe, die berechnet nicht."

Die Frühe ist eine starke Zeit. Ich bin draußen auf den Wegen zwischen Klostermauer und mächtigen Bäumen. In der „großen Ebene" ist die Sonne aufgegangen. Perlender Tau, erste Silberfäden, es waren nur 9 Grad in der späten Septembernacht. Doch schon spielt Licht zwischen den Ästen wie auf Glasfenstern von Kathedralen. Der „grüne Christus" von Chagall, das Original vom Original. Es ist ein Park gezügelter Wildnis, überall Wasserläufe, als hätten die alten Väter von Cîteaux sie erst gestern von Disteln und Dornen befreit. Hier schmale dunkle Kanäle, dort die Heiterkeit stürzender Bäche. Am Feldrand beginnt die Klausur; Efeuranken, Moos und Farn, für einen Sperrbezirk ein sanfter Übergang. Vor dem Portal wirft ein hohes Steinkreuz seinen gleitenden Schatten auf den Rasen, in leichter Krümmung eine riesige Sonnenuhr. Gemächlich schreitet sie voran. Auch das ein Symbol der unaufhaltsam sickernden Zeit, die Abtei seit Jahrhunderten in der Langsamkeit: Kein Grashalm, der im Laufe des Tages nicht vom durchbohrten Christus berührt würde.

*Für die Jakobspilger auf dem Weg nach Santiago de Compostela ist das Städtchen St-Jean-Pieds-de-Port ein spannender Ort. Sie verlassen Frankreich und betreten oben im Pyrenäen-Wald erstmals spanischen Boden. Hunderttausende haben sich seit dem Mittelalter auf diesen Weg gemacht. Beter, Verletzte, Verlassene, Gauner und Sucher. Der Strom reißt nicht ab, die Faszination wird größer. In Roncesvalles entstand der Mythos vom „Rolandslied". Ringsum dichte Wälder, keine Prozession mehr, kein Weihrauch, keine Touristen. Nur ein Pilgerkreuz, Gottes große Stille.*

## 14. Über die Höllenbrücke der Jakobspilger

Über die Höllenbrücke kamen wir nach St-Jean-Pieds-de-Port. Die Nive floss glasklar unter dem Steingewölbe. Forellen schossen flussaufwärts. Auf dem Wappen von Biddaray Muscheln und Pilgerstab. Adler kreisten am blauweißen Himmel. Die Bauern von Musuritze fuhren Heu ein. Überall Kreuze, Bildstöcke, Kapellen. Weinstöcke in den einsamen Bergen. Platanenplätze, Friedhöfe, ein verlassenes Priorat: Uralte Spuren auf dem Jakobsweg.

Über Paris, Vézelay, Le Puy, Autun und Arles schlängelt er sich seit dem 10. Jahrhundert durch

Frankreich. In St-Jean-Pieds-le-Port laufen die Wege zusammen, eine Art Sammlungsort, ein Hafen, das letzte Städtchen vor dem Aufstieg zum Kloster Roncevalles an der spanischen Grenze.

Umgeben von Festungsmauern und einer Zitadelle aus dem 15. Jahrhundert leben heute nur noch 1400 Einwohner an den Nive-Brücken. Häuser und Kirche aus rotem Sandstein haben bessere Zeiten gesehen. Früher war man Hauptstadt von Nieder-Navarra, des Landes von Cize. Vauban und andere Militärstrategen wussten die wichtige Passage nach Spanien zu schützen. Die „Jacquets", die Jakobspilger kamen zu Hunderttausenden, in graue Mäntel gehüllt, den Stab in der Hand. Es war jedes Mal ein religiöses und wirtschaftliches Großereignis. Die Glocken läuteten, wenn sich die Prozessionen näherten; von Gebeten und Segenswünschen begleitet, zogen sie durch die engen Straßen. Pilgerbrot, Schinken, Käse und Wein wurden ihnen gereicht. Gesänge und Litaneien erschallten, Kinder liefen mit bis zum Stadttor. Die Müden verbrachten die Nacht im Hospiz.

Heute kommen wir richtig. Nach dem Hochamt in Notre-Dame zieht die Fronleichnamsprozession aus. Die Bewohner der Rue d'Espagne haben die alten Pflastersteine mit Kelchen aus Rosenblüten geschmückt. Hortensien, Geranien am Wegesrand. Junge Frauen flechten Farnbüschel, streunende Hunde werden mit dem Besen verjagt. Im Bogen der

Stadtmauer haben sie einen Altar errichtet, das Kreuz baumelt im Wind vor dem roten Vorhang.

Ja, hier sei man noch tiefgläubig und sehr erdverbunden, meint der Töpfermeister: „Die Frühmesse wird in baskischer Sprache gesungen." Dann schlagen die Glocken und endlich kommt die Prozession über die Brücke.

Gebete auf offener Straße, meist sind es Ältere, aber sie nahen zügigen Schrittes, das Prozessionskreuz voran, Frauen und Männer getrennt, ländliche Gesichter, rote Backen, eine Kerze oder einen Rosenkranz in der Hand. Der korpulente Fahnenträger stimmt immer wieder neue Lieder an. In ihrer Mitte das Allerheiligste. Der Pfarrer trägt die kleine Monstranz unter einem „Himmel" aus schwarzem Samt. „Lauda Jerusalem" singen sie jetzt und steigen über Rosen, Farn und Buchsbaumzweige die enge Straße hoch. Rechts und links dichtgedrängt das Volk. Aus der Distanz wirkt der Zug wie eine mittelalterliche Pilgerszene. Doch dann kehrt St-Jean-Pieds-de-Port in die Normalität zurück und all die Helfer, die eben noch akribisch an ihren Blumenornamenten zupften, greifen zum Straßenbesen und fegen die vom Altarsakrament überschrittene Herrlichkeit emsig wieder zusammen.

In der Nische des Glockenturms steht der „Gute Hirte". Im Haus der Jassus, der Vorfahren des hl. Franz Xaver, werden fromme Bücher und Devotionalien angeboten. Große Forellen leuchten silbern im Wasser der Nive. Wir trinken einen gelben Izarra, baskischen, aus vierzig Kräutern gebrannten Schnaps. Es ist Sonntagmittag. Gegenüber im „Arrambide" gibt es heute Thunfisch-Terrine und Lamm mit Waldpilzen.

Der Ort Roncesvalles birgt noch immer Spannung. Der enge Pass windet sich durch dichten Wald 1057 Meter hoch hinauf zum Ibaneta. Dann endlich die Dächer des Klosters Roncesvalles, die schon Hemingway auffielen. Vielleicht ist es auch nur die Stille, die diesen dunklen Übergang beherrscht. Es ist ja Grabesstille, seit Jahrhunderten von den Dichtern elegisch besungenes und von heftigen Pilgergebeten begleitetes Heldengedenken. Als wir unterwegs zur Passhöhe eine Pause einlegen, wird die Stille nahezu greifbar: Mächtiger Schattenwald, Buchen, Nussbaum, Farn und Fingerhut. Lila, die Farbe der Totenmessen. Monoton stürzendes Bergwasser, Raubvögel. Vom Blitz gefällte Baumriesen, dann eine Weide mit Schafen. Welcher gute Hirt mag sie hier suchen und auf seinen Schultern heimtragen?

Oben am Gipfel hat man neben Kreuz und Glocke eine moderne Kapelle errichtet. „Unsere liebe Frau" unter dem Spitzdach. Sie ist verschlossen, gewährt nur spärlichen Einblick, als sei es ein Verlies, in dem Gott seine Stille verbirgt. Darüber auf gewaltigem Granitfelsen die Inschrift „Roldan 736–778", dazu ein Schwert und überkreuz zwei Morgensterne. Das

Bild vor dieser Kulisse sich gewaltig öffnender Horizonte wirkt so stark, als sei noch immer Schlachtgetümmel. Christliche Heere gegen die List der Mauren, ein altes Thema der Sagenschreiber und wie auf immer geartete Weise aktuell.

Das zwischen 997 und 1130 entstandene „Rolandlied", ein 4002 Zehnsilben umfassendes „Chanson de geste", erzählt das Epos vom „Heiligen Krieg". Was dieses Lied so unsterblich gemacht hat, sind seine tragischen Bilder mittelalterlicher Ritterlichkeit. Kurz vor der Rückkehr, die „dulce France", das „große Land der Ahnen" schon vor Augen, wendet sich das Schicksal. Der besonnene Olivier stirbt in den Armen seines Freundes Roland. Der schwerverwundete Erzbischof Turpin segnet die Toten. Kaiser Karl irrt über das Schlachtfeld und entdeckt seinen Neffen unter den Gefallenen. Stoff großer, dramatischer Dichtung.

Auch die Jakobspilger haben durch die Jahrhunderte in Roncesvalles vor so viel tragischer Hingabe ihre Knie gebeugt und die Waffen der Helden wie Reliquien verehrt. Sancho der Starke, einer der großen Könige Navarras, ließ im 13. Jahrhundert die „Real Colegiata" errichten, die der „Heiligen Maria von Roncesvalles" geweiht ist. Ein Pantheon abendländischer Inbrunst, das neben einem Mausoleum mit Königsgräbern, kostbaren Stiftungen und Ehrengaben, das Schachbrett Karls des Großen, ein romanisches Evangelium, einen flämischen

Flügelaltar und einen Smaragd aus dem Turban des Sultans Miramamolin el Verde enthält.

Als wir in die Kirche kommen, geht gerade das Hochamt zu Ende. Dulce jubilo der Orgel, vor gotischen Glasfenstern schwebende Rauchfahnen, Segen unter dem Baldachin, mächtiger Gesang, der schließlich hinausströmt und sich zu einer Prozession formiert, der drei Augustiner-Chorherren bis zur Klostermauer ein feierliches Geleit geben. Vorbei am alten Jakobskreuz ziehen die Pilger durch den Buchenwald hinaus ins Weite.

*Die Basilika von Vézelay steht hoch auf einem Hügel, das Weinland der Bourgogne geht über in die weiten Wälder des Morvan. Die Kirche ist der heiligen Maria Magdalena geweiht. Der Fuß ihrer Statue ist glatt und geschwärzt von den Berührungen der Sünder, die bei der Sünderin Zuflucht suchen. Auch ich habe diesen Fuß geküsst. Wer im ehemaligen Kloster den Kreuzgang betritt, hört bald den Gesang der jungen Gemeinschaft der Brüder und Schwestern von Jerusalem. Ein sanfter Übergang vom Uralten zum ganz Neuen.*

## 15. Der nackte Fuß der Sünderin

Vézelay ist eines der schönsten Dörfer Frankreichs. Doch vielleicht ist die Ortschaft im Norden der Bourgogne gar kein Dorf. Eine Million Menschen strömen im Sommerhalbjahr hierher auf den Hügel. In der Mehrzahl Touristen, die anderen sind Gläubige, die in der Gruft der Basilika der heiligen Maria Magdalena eine Kerze anzünden oder nach dem Frühsegen in Richtung Compostela weiter wandern. Die Sünderin und die ferne Pilgerstadt am Kap Finisterre: kein Zweifel, Vézelay ist ein spannender Ort. Schlagen die Glocken, geht es durch Mark und Bein. Es ist immer noch dieser appellierende Ton wie im Mittelalter, als der Abt Bernhard von Clairvaux oben am nördlichen Abhang händeringend zum zweiten Kreuzzug aufrief und alle Bewaffneten aus Lothringen und Flandern folgten.

Bruder Grégoire, der Prior der „Bruderschaft von Jerusalem", hat mich im „Haus des hl. Bernhard" untergebracht. Mächtig erhebt sich der alte Kasten über die Nachbarhäuschen. Die farbige Schwester Marie-Josée führt mich hinauf auf die zweite Etage. Sie hat ein strahlendes Lächeln. Eine kleine, genügsame Zelle. Vom Fenster geht der Blick über die Giebel zu den Wäldern des Morvan. Er reicht tief hinein ins Land und nimmt den Weinbergen von Vézelay und Chablis ihre Heiterkeit. Natürlich ist alles von Sagen umwoben, Dolmen und alte heilige Bäume stehen im dichten Forst. Im Laufe der Jahrhunderte hat man ihnen Kreuze und Bildstöcke beigefügt. Geblieben ist eine leise Unheimlichkeit.

Erst oben in der Basilika befindet sich dafür eine unüberwindbare Grenze. Bereits über dem Hauptportal thront Christus im Jubelkreis, auch im Vorraum streckt er seine Segenshände aus. Engel und Heilige streben ihm zu, alles umrankt von der Bilderwelt der Bibel, getränkt von Mystik und Symbolen. Selbst im Winter kommen noch Besucher. Blitzlicht huscht über die Landschaft bärtiger Apostel, an denen die Zeiten genagt haben, die sich aber noch immer nicht einfangen lassen. Die Kameras liefern nur schnelle Abbilder, der Kern bleibt unantastbar.

Das Kircheninnere ist ein Juwel mittelalterlicher Baukunst, von allen Einrichtungen des

Weltkulturerbes und nationaler Heiligtümer mit Ehrentiteln bedacht. Die Schönheit des romanischen Bauwerkes, das sich im Chor zu gotischer Höhe aufschwingt, nimmt dem Eintretenden den Atem. Säulen, Skulpturen und Kapitelle zeugen von großer Kunst und unbeugsamem Glauben. Keiner, der diesen Ort betritt, bleibt ungerührt. Ich möchte dieser Kirche angehören.

Im westlichen Seitenschiff führt eine Türe in den Kreuzgang. Wo sich früher der Kapitelsaal befand, ist heute die Winterkapelle der Ordensgemeinschaft. Hier bietet sich zu den Gebetsstunden ein völlig neues Bild. Acht Brüder und elf Schwestern knien, liegen und hocken vor dem Altar. Dahinter an der Steinwand eine große Christus-Ikone. Der Herr im Goldnimbus, dunkle Augen, ein zugleich etwas staunender und gütiger Blick. Die Männer in ihrem blauen Habit wirken versunken, die meist jungen Frauen im Jeansgewand mit den weißen, hinter dem Ohr geknoteten Kopftüchern verbreiten eine stille Begeisterung. Sie haben sich in ihrer Verehrung vor dem Messias hingeworfen. Kein Zweifel, Liebe ist im Spiel. Sie tönt aus den Versen des Hohelieds, die sie mit kristallklarer Stimme singen. Alles in einem byzantinischen Choral und von den Mönchen an ihrer Seite mit tiefem Bass begleitet: „Des Nachts auf meinem Lager suchte ich ihn, den meine Seele liebt." Ruf und Antwort, Sitzen und Stehen, Kreuz- und Segenszeichen, blaue und weiße Meeresfarben, als nahe die Flut. Wie die Wellen eines sakralen Tanzes.

Naht die Sommerzeit, finden die Gottesdienste nebenan im Chor der Basilika statt. Es muss noch stärker wirken. Das Uralte und ein zaghafter Zweig der jungen Kirche. Das im Laufe der Kriege, Revolutionen und Vertreibungen hier Verstummte erhebt sich wieder zu Gesang. Er schallt von den hohen Wänden zurück und klingt wie Zustimmung.

In der Frühe am Hochfest der Unbefleckten Empfängnis: ein ferner Streifen aufgehender Sonne, ringsum Wintergrau und strenger Frost. Man denkt an „das Licht im Dunkel vor dem Morgenstern" aus dem 1. Johannesbrief und die Marien-Litaneien. Diskrete Zeichen, die auf die stille junge Frau weisen, wenn sie auf dem Bergpfad zu Elisabeth eilt oder der Engel sie heimsucht. Während des Morgengebetes Lesungen aus den Büchern Jesus Sirach, Esra und Jesaja. Worte wie ferne Trommeln in der Nacht der Zeiten. Irgendwo ist eine frauliche Souveränität, ein Hauch Schöpferlust. Von Frauen fremder Völker ist die Rede, von Treuebruch, den die Obersten zuerst begingen. Der Prophet klagt mit zerrissenem Mantel. Dann wieder Szenen einer orientalischen Hochzeit, die verwegene Silhouette einer Frau.

„Nicht länger nennt man dich ‚Die Verlassene' ... Wie der Bräutigam sich freut über die Braut, so freut sich dein Gott über dich." (Jes 62, 1-7)

Dann kehrt die Stille zurück. Nach den Hymnen und Texten aus dem Alten Testament ist es eine mächtige Stille, wie auf offener See vor dem Aufleuchten des Morgensterns. Péguy schrieb, die Jungfrau gleiche „dem Flimmern des Deltas". Die Mutter, die Königin: Kein Mensch auf dieser Welt weiß mehr über ihren Sohn als sie.

Der irische Bruder John-Patrick spricht leise wie ein Geschichten-Erzähler. Man beugt das Ohr und möchte mehr wissen. Es wundert nicht, dass der Brite den hl. Anselm von Canterbury zitiert. „Die Makellose hat das Universum neu geschaffen. Maria hat alles gerettet." Doch möchte sie der bärtige Prediger nicht als eine „Königin" verehren, sondern als vollständig durch ihren Sohn verklärte Mutter. „Es gibt von ihr viele falschen Bilder", sagt er, „doch ist sie eine unendlich schönere Frau, als alle Statuen zeigen." Die Ikonen kommen ihr näher, sie offenbaren, wer sie ist: Sie führt uns in das Mysterium der Menschwerdung.

Sonderbar, dass sich nur wenige Meter entfernt in einer Nische der Basilika ein großes Standbild der Maria Magdalena befindet. Die Heilige, die ehemalige Prostituierte. Maria, die Mutter des Herrn, und Maria, die Zeugin seiner Auferstehung, die spät zusammenfanden. Die Frau aus Magdala trägt in ihren gefalteten Händen eine Amphore, sie ist auf dem Weg zum Grab, wo sie den Leichnam salben möchte und wenig später die erste Zeugin der Auferstehung wird. Ein Faltengewand, ein Kummerblick, den Tränen nahe. Ihr langes Haar ein letzter Schimmer Fraulichkeit, darüber ein Kopftuch, ein scheuer Schutz. In ihrer Stele ist ein Reliquien-Knorpel eingefügt. Tausende Küsse haben den Stein geschwärzt. Der heilige Augustinus sagte von ihr: „Sie wusste an welcher Krankheit sie litt und dass allein derjenige, zu dem sie kam, fähig war, sie zu heilen."

Mein Gesprächspartner Bruder André ist der Philosoph der Gemeinschaft von Vézelay. Der Mönch mit dem langen weißen Bart geht am Stock. In der hintersten Reihe der betenden Brüder und Schwestern sitzt er auf einem Stuhl. So hat er die Übersicht und lächelt. In seinem Buch „Das Mysterium der Sexualität" stellt er die Frage nach der Bedeutung der Geschlechter. Für einen Nachdenker lesbar und für einen Mönch voller Intensität: „Es gibt etwas Transzendentes in der Beziehung eines Mannes und einer Frau, in der jedes menschliche Wesen das Geschenk des Lebens erhalten hat." Das Körperliche ist eine erweiterte Form der spirituellen Spannung. Frauen verstehen das besser als Männer. „Weshalb bist du so schön", fragte eine Seherin die ihr erscheinende Maria und vernahm die Antwort: „Weil ich liebe."

Hier erhält die Unbefleckte eine andere Dimension als nur die jungfräuliche Entrücktheit. Sie ist den Menschen mütterlich nahe, weil sie, zerbrechlich wie ein Grashalm, Gott näher ist, als es je ein

Mensch war. Ihre Ikone, um die sich die Brüder und Schwestern von Vézelay scharen, trägt das Kind mit einem gütigen Trauerblick. Schmerzensmutter, die alles in ihrem Herzen bewahrt, und Mutter voll der Gnaden, deren Liebe, wie der arme Poet François Villon sang, „bis in den Abgrund der Hölle reicht".

Bruder Grégoire, der Prior der acht Brüder von Vézelay, empfiehlt den Brüdern und Schwestern, am Morgen ihr Gebetbuch mit zur Arbeit zu nehmen, und am Mittag die Arbeit ins Gebet zurückzubringen. Ich blicke in ihre Gesichter, es sind halftime-Beschäftigte, sie möchten solidarisch mit den Menschen sein, denen sie tagtäglich als Kollegen begegnen. Dreimal am Tag beten sie morgens, mittags und abends die Stundengebete gemeinsam. Im Anschluss an die Vesper beginnt die Eucharistie. Am Nachmittag wird das Allerheiligste ausgestellt. Stille Verehrung der braunen Hostie in der schlichten Monstranz. Montags ist „Wüstentag", jeder zieht sich bis zur Abendmesse in sein Versteck zurück. Nur noch der flüsternde Herr. Im Sommer darf dieser Rückzug drei Wochen dauern, jeder sucht sich seinen einsamen Ort. Die Ruhezeit gehört zum klösterlichen Alltag. „Ruhe ist wichtig in einer Stadt", erklärt der Prior, „die Tradition des Mönchtums legt großen Wert auf die angemessene Ruhe."

Vézelay ist nur in den Sommermonaten eine „Stadt". Dennoch haben die Brüder und Schwestern den Ruf, den der Bischof von Sens-Auxerre 1993 an sie richtete, sofort angenommen. Es galt, das geistliche Leben an diesem Ort wieder lebendig zu machen. Nicht nur eine Basilika der schönen Steine und der schönen Sünderin, sondern auch der spirituellen Präsenz, wie es schon im 12. Jahrhundert der Fall war. Der Empfang und die Begleitung von einer Million Touristen, Pilger und Gäste, fordert Einsatz. „Wir möchten ein Stück Weg mit ihnen gehen, unterwegs sein zu Gott." Menschen zu empfangen heißt für sie auch „Christus empfangen". Es ist eine anspruchsvolle Berufung, die sich vom Einsatz der französischen Arbeiterpriester aus den 50er und 60er Jahren unterscheidet. Deshalb die stark betonte geistliche Dimension, die langen Gebetszeiten nach getaner Arbeit. Das halbtags verdiente Geld dient für den Lebensunterhalt. Wohnungen werden nur angemietet, keine Immobilien. Bleibt etwas übrig, gehört es den Armen.

Bruder Grégoire ist ein Spätberufener. Der ehemalige Elektroingenieur hat mit 30 Jahren nach einer inneren Konversion eine Vertiefung seines Glaubens erfahren. Nach zehn Jahren hat er verstanden, sein Leben ganz für Gott hinzugeben. Er macht keinen Hehl daraus: „Es war radikal, brutal, ich hörte den Ruf ‚Ich habe dich nötig'. Mit 40 war das eine späte Entscheidung, doch bin ich für den Umsturz meines Lebens noch immer dankbar. Vorher war ich eher glücklich, heute bin ich voller Freude." Das „Lebensbuch" des Gründers, das Liebe und

Freundschaft verkündet, vergleicht er mit der Bibel, „von der Erschaffung im Buch Genesis bis zur Seligkeit in der Geheimen Offenbarung, nichts anderes als Gottes Liebe für die Welt".

So, wie es der Gründer zu Beginn des Buches schreibt: „Öffne dein ganzes Leben der Liebe, die Gott dir als erster entgegenbringt. Bleibe für immer in dieser Gewissheit verankert, denn sie allein kann deinem Leben Sinn, Kraft und Freude schenken. Seine Liebe zu dir wird nie vergehen. Der Bund seines Friedens mit dir wird nicht erschüttert werden. Gott bereut niemals seine Gaben, und sein Ruf ist unwiderruflich. Er hat deinen Namen in seine Hände geschrieben."

Modell des Lebens der Gemeinschaft in der Stadt ist das „himmlische Jerusalem", es ist ihr „Projekt". Jerusalem zugleich als heilige und sündige Stadt. Die Propheten haben ihr aufgetragen: „Bekehre dich". Jesaja schrieb: „die Stadt Gottes". Wenn der Mönch morgens aufsteht, weiß er: „Kein Tag gleicht dem anderen, jeder ist ein Abenteuer. Was werde ich heute mit Gott erleben? Stets etwas Neues. Das ist nicht immer einfach, aber immer stark. Manchmal bin ich abends müde ..." Seine Berufung bedeutet, der Welt zu sagen, die heilige Stadt zu sein. Ein irres Unterfangen, doch wenn Gott liebt ...

Bruder Grégoire verkörpert nach seiner Wahl zum Prior im kleinen Kloster die Autorität. Doch wird er weiter „Bruder" genannt. Obwohl er zugibt, dass „alles ein bisschen anstrengend ist", und hofft, dass die Gemeinschaft nach fünf Jahren einen anderen wählt, spürt er zugleich, dass er immer mehr er selbst wird, dass die Berufung in ihm wächst. Beobachtet man ihn von der Seite, ist er ein froher, in sich ruhender Mensch. Erfüllt und angekommen.

Als seine Arbeitskollegen erstmals davon erfuhren, dass er beabsichtige ins Kloster zu gehen, entstand eine sonderbare Situation der Gegenseitigkeit: sie erinnerten ihn an seine Berufung, er erinnerte sie an Gott. Zunächst herrschte ein vorsichtiges Schweigen, dann aber kamen sie einzeln in sein Büro und baten um diese und jene diskrete Hilfe, selbst der Chef. Br. Grégoire leitete damals in der Bretagne in einem Betrieb mit 700 Beschäftigten das Personalmanagement. Bei seinem Abschied waren auch die Vertreter der Gewerkschaften anwesend, mit denen er einen „robusten, männlichen" Umgang pflegte. Dann kam sein strengster Verhandlungspartner zu ihm und sagte: „Wir waren nicht immer einer Meinung, aber ich respektiere Menschen, die das bis zum Ende durchziehen, woran sie glauben." Ein Händedruck, sie haben sich verstanden.

Am Samstagnachmittag stellt sich der Prior den Fragen von dreißig Theologiestudenten und -studentinnen aus Freiburg. Es sind keine schüchternen jungen Menschen, die ihm da gegenübersitzen, doch ist auch er um keine Antwort verlegen, im Gegenteil, er fordert sie weiter heraus. Seine Beziehung zu den Weltreligionen? „Alle verdienen Respekt, doch Christus ist einzigartig." Die Zukunft der Klöster? „Die Geschichte der Kirche kennt Höhen und Tiefen. Doch wird es immer Berufungen geben." Was vermisst er am meisten von seinem alten Leben? „Ich besitze mehr als vorher. Gott ist gewachsen." Worauf muss er verzichten? „Wir streben nach einem erfüllten Leben. Wie auf einer Schatzsuche." Die Nähe der Schwestern? „Es ist schön, mit Frauen zu beten."

Bruder Grégoire predigt in der Sonntagsmesse über das an Johannes den Täufer gerichtete Wort: „Alle werden das Heil sehen, das von Gott kommt." Der Ort dafür ist die Wüste, die innere, die Wüste des Herzens. Er sagt: „Hier werden alle Geräusche weggefegt, alle lähmenden Gedanken vertrieben, bis wir ganz leer vor Gott stehen." Dann folgt jenes Wort des Propheten Hosea, das so oft von Mönchen als Leitbild ihrer Berufung erwähnt wird: „Ich will sie verlocken und in die Wüste hinausführen. Dort werde ich zu ihrem Herzen sprechen ..." (Hos 2, 16)

Kniende Anbetung vor der Sonntagsvesper: Ein koptisches Kreuz, eine schlichte Monstranz, die Christus-Ikone mit großen Augen, als würden sie zu uns sprechen. Schwebender Gesang der Frauen- und Männerstimmen, gemeinsames Jubilieren, Versenken. Lesung aus den Schriften des hl. Ambrosius: „Der Wolf hat mich in der Nacht vertrieben. Komm

Herr, Heil aller, die verirrt sind!" In die wachsende Stille hinein spielt eine farbige Schwester auf der Zither. Die Stunde hat etwas Urchristliches. Choreographie demütiger Schönheit. Weihrauchwolken vor dem Tabernakel. Gebet aus der Nacht der Zeiten, die aufgeschlagene Heilige Schrift wie ein leuchtender Stern.

Dann langes Schweigen für das Unsagbare. Winterstille, Winterkälte im Halbdunkel der Basilika. Allein, ganz hinten auf einem Gebetsschemel wird man von der eisigen Schönheit ergriffen. Der Bischof hat die Gemeinschaft gebeten, die Verantwortung für dieses einmalige Gotteshaus zu übernehmen. Vor Anbruch der Nacht schließt ein Mönch die schwere Holzpforte. Was wäre, wenn ich mich hier einschließen ließe? Verborgen hinter einer romanischen Säule, unter einem Kapitell mit Drachen und Dämonen? Nur oben am Altar das kleine glimmende Licht des Allerheiligsten. Die verwegene Frau aus Magdala schrittbereit in ihrer Nische. Gegenüber der heilige Mönch des Abendlandes, Bernard von Clairvaux, der auf dem Hügel hinter der Apsis 1164 auf Bitte seines Freundes, Papst Eugen III. , zum zweiten Kreuzzug aufrief. Könige und Königinnen gaben ihm Geleit. Die Massen strömten zu den Waffen. Dörfer und Marktflecken leerten sich. Überall Witwen, deren Männer lebten und in die Niederlage zogen. Bernard hat sich von diesem Schock nie mehr erholt. Doch hier in Vézelay steht er noch als

Held, das Kreuzschwert und den Abtstab himmelwärts gestreckt. Mein irrer Wunsch: Eine Nacht allein in dieser Herrlichkeit, wenn die Heiligen umgehen und das Heiligtum behüten, alles in tiefstes Schweigen gehüllt ...

Auf dem Hügel klirren längst keine Waffen mehr. Nach dem Kriegsende 1946 zogen tausende Pilger zu einem Friedensmarsch hierher, dem sich auch deutsche Kriegsgefangene anschlossen. Die einfachen Holzkreuze hängen noch in den Seitenschiffen. Ihre Splitter und Balken haben unter den mächtigen Säulen etwas Demütiges. Dann rufen in den ungleichen Türmen die Glocken die Brüder und Schwestern von Jerusalem zum Gebet. Die kleine Gemeinschaft gebückt und gebeugt vor dem Allerheiligsten. In der Welt, doch nicht von der Welt. Ganz nahe den Wüsten der Herzen, in der die Sehnsucht nach Christus schlägt.

*Isaak der Syrer war im 8. Jahrhundert Bischof von Ninive und als Einsiedler, Asket und Mystiker hochverehrt. Er zählt zu den herausragenden Heiligen der orthodoxen Kirche. Seit dem Mittelalter stehen Werke des großen Freundes der Sünder auch im Westen in jeder Klosterbibliothek. Im Bergland der Provence haben ihn Schwestern in ihr Herz geschlossen. In einem ehemaligen Schafstall erklingen ihre orientalischen Gesänge und flüsternden Gebete.*

## 16. Die Nacht mit Isaak dem Syrer

Die Straße von Mausanne nach Eygalières zählt zu den sehenswerten der Provence. Zunächst noch kleine Weinhöfe und Hütten der Schafhirten, dann nichts als „garrigue", wildes Bergland: Zypressen und gekrümmte Ölbäume, zwischen Felsklötzen Lavendelbüsche, Kräuter und roter Mohn. Die Einsamkeit wird größer. Die Baumgrenze reicht bis zu den grauen Hängen der Alpilles, den Voralpen. Darüber azurblauer Himmel und Licht, in dem man sterben möchte. Ich wage, etwas zu übertreiben: Es wäre nur noch ein Schritt bis in die Herrlichkeit.

Das Dorf muss man finden wollen. Die enge Straße hat Abzweigungen nach nirgendwo. In den Kiefernwäldern wird vor Brandgefahr gewarnt, im Mistral-Sturm wäre es ein Inferno. Aber Eygalières liegt auf einem Hügel, der sanft zur Pfarrkirche hinauf steigt, für Flammen unerreichbar. Am Nachmittag ist hier eine Totenmesse, unter den Pinien auf dem Friedhof das offene Grab. Dann schlägt es zwölf, Anne, die Kellnerin, serviert auf der Terrasse Lamm und Bohnen, der Rosé ist eiskalt.

Das „Kloster der Epiphanie" scheint unbekannt, der Wirt weiß von nichts, ringsum an den Tischen Kopfschütteln. Dann erhebt sich aus der Ecke Gilbert, bärtig, zahnlos, das Weinglas in der zitternden Hand. Er ist der ehemalige Briefträger und kennt sich aus. Die Route kritzelt er unleserlich auf die Papierdecke, Schilder gibt es keine, doch soll es hoch und höher gehen. So kennen wir wenigstens die Richtung.

Epiphanie heißt „Erscheinung des Herrn", das Weihnachtsfest der Ostkirche am 6. Januar. Dass hier oben der Herr erscheinen könnte, bleibt zunächst ungewiss. Wo man ein Kloster vermutet, steht ein ehemaliger Schafstall. Graustein, fensterlos, windgeschützt, nur zum Berg hin offen. Die schriftlichen Hinweise liebevoll zurückhaltend, man möchte offenbar nicht gestört werden. Eine Treppe führt hinab ins Innere und schon ist ein Hauch Betlehem. Tatsächlich befindet sich hier die Kapelle mit dem Allerheiligsten. Dämmerlicht, an das man sich erst gewöhnen muss. Steingewölbe, auf den Fenstersimsen und vor dem Altartisch Ikonen, da und dort flackert eine Kerze. Der im Dunkel glühende

Christus, Gott flüstert. Man möchte gleich hinknien, die heiligen Bilder küssen, über Nacht verweilen. Selten sah ich eine Kapelle solcher Intensität. Damit ist über das Kloster fast alles gesagt. In diesem Keller ist sein Herzensort, alles andere sind Steine.

Die 87-jährige Mutter Simone ist die Gründerin von „Épiphanie". Ihr Familienname „Lévy" erinnert an eine jüdische Abstammung, darauf ist sie stolz. Obwohl sie das Amt der Priorin abgegeben hat, bleibt sie der gute Geist der zwölfköpfigen Gemeinschaft. Man muss es gesehen haben, wie sie ständig unterwegs ist, Gras mäht, Holz trägt, Kletterblumen bindet. In knochigen Händen das blühende Blau der Volubilis. Gewiss war sie eine schöne Frau, so schön, dass es ihr Alter noch immer verklärt. Feine Falten, glühende Augen, die viel gesehen haben, ein Lächeln voller Güte und Glaubensglück. Sie kommt von ganz woanders und ist doch hier.

Als junge Frau hat sie Paris erlebt. Dann zog es sie hinaus in die Schweizer Berge, in Zeltlager mit Gleichgesinnten, Suchenden und schon im Glauben Fortgeschrittenen. Manchmal braucht es nur noch ein lapidares Ereignis oder das Wort einer charismatischen Person und alles gerät zu einem Ruf. Bei ihr kam der Ruf durch den belgischen Benediktiner Dom Lambert Beauduin, Gründer eines Klosters mit römischem und orientalischem Ritus, von der ängstlichen Kurie der 20ger Jahre ins Exil vertrieben, persönlicher Freund des späteren Papstes

Johannes XXIII., erster Prophet des Konzils, schließlich demütiger Heimkehrer in seine auf ihn wartende Gemeinschaft von Chevetogne. Mère Simone gleicht ihm: klein, stark, feurig. Er war ein Abenteurer, die Franzosen nennen solche Typen „crack". Niemand konnte seine Liebe zur Kirche aufhalten. Als er der nach neuem geistlichen Leben strebenden Frau zuhörte, kam seine Antwort wie ein Gnadenstoß: „Vas, vas-y, geh', lass gehen!" Das ist die Sprache der Pioniere.

Seit 1953 nach der Regel des hl. Benedikt lebend und den gregorianischen Choral pflegend, hat sich die kleine Gruppe der Schwestern im Laufe von sechs Jahrzehnten zu einer katholisch-ökumenischen Gemeinschaft entwickelt. Man wollte von Anbeginn „versteckt" leben und hat sich doch von einer Berufung tragen lassen, die etwas mit Avantgarde zu tun hat. Erst im zeitlichen Abstand ist deutlich geworden, dass im Grunde von Anfang an „alles da war". Nahezu unbewusst brachte sie der steinige Weg tastend zu einem Kirchenverständnis, das von der Urgemeinde, den Vätern, den Trennungen und dem großen Neubeginn des Konzils zum Ideal der ungeteilten Christenheit führte: Tief in der Einheit der Kirche sollte ihr Gebet verwurzelt sein.

Schwester Dominique, die aus Brüssel stammende Priorin, hat diese weite Wegstrecke minutiös festgehalten. Man staunt über die subtilen Facetten eines liturgischen Werdegangs, der 1960 mit der Übernahme der Volkssprache begann, mit dem Studium des orientalischen Ritus und der Entdeckung der syrischen Tradition fortgesetzt wurde. Als Pater Emmanuel Lanne, Mönch aus Chevetogne und Experte der Ostkirche, sie in die Weisungen der Wüstenväter und das Herzensgebet einführte, bestärkte es den ursprünglichen Wunsch, als kleine Gemeinschaften zu leben, vergleichbar mit den mönchischen Skiten auf dem Heiligen Berg Athos. Eine schöne Freundschaftsgeste: Ökumenische Einkehrtage zum Fest der Verklärung bei den protestantischen Schwestern in Pomeyrol führten zu völlig neuen Kontakten mit den anderen Konfessionen. In Rom bot der syrische Bischof Neophytos Edelby Schwester Simone sogar an, in seiner Diözese ein Kloster im melkitischen Ritus zu gründen.

Es war eine Zeit kreativer Ungewissheit. Sr. Dominique spricht vom „Geschenk des Konzils", das bald einen beglückenden Hintergrund schaffte. Dekrete und Konstitutionen vermittelten einen sicheren Boden, der zugleich aus dem starken Alten und gutem Neuen bestand. Für die Schwestern der Epiphanie begann eine Zeit liturgischer Feinarbeit, die der Anpassung von Texten und Gesängen diente. Abendländische, byzantinische und syrische Traditionen bildeten ein harmonisches Ganzes. Es öffnete zugleich den Blick für die Heiligen Drei Könige und die Taufe Jesu im Jordan. Aber mehr noch, die Nähe zum Nahen Osten lehrte sie auch die tiefe

Verwurzelung der Urkirche in der Synagoge, wo das Christentum Gestalt annahm. Die „semitische Vision" war ein Weitblick.

Der Trappistenabt André Louf sagte zur Eröffnung des Benedikt-Jahres 1979 in Notre-Dame von Paris, das Kloster sei „no man´s land des Heiligen Geistes", hier seien im ökumenischen Kontext Vereinigungen möglich, „die anderweitig erst noch der Hoffnung angehören". Der orthodoxe Theologe Olivier Clément schrieb über das Drama der Trennung: „Im Vergleich zur Barmherzigkeit Gottes ist die Sünde des Menschen eine Faust voll Sand im Meer." Papst Johannes Paul II. bekräftigte 1995 in „Orientale Lumen": „Die Kirche atmet mit zwei Lungenflügeln ... Die Einheit fordert eine Sensibilität und Kreativität der Liebe ... Es ist eine bleibende Aufgabe der Kirchen, ständig neue Wege der Treue zu suchen ..." Im Kloster der zwölf Schwestern brach der Frühling an.

Dann sah ich Pater Petrus. Er lebt, wie die Schwestern, in einer Einsiedelei nahe den Gemeinschafts-Gebäuden. Der aus den Niederlanden stammende Priester war zunächst Mönch in der limburgischen Trappistenabtei Achel. Auf Umwegen, über die er nicht sprechen will, fand er seine Aufgabe als Spiritual in Eygalières. Schon betagt, geschieht es nachdenklich und bedächtig. Wenn er in der Frühe die Messe feiert, liegt die Kapelle im mysteriösen Schimmer der östlichen Liturgie. Das Spiel der

Kerzen, der Ikonen, des Weihrauchs. Seine Predigt birgt stets eine besondere Note. Er ist ein Experte der rabbinischen Exegese und lässt die heiligen Schriften im hebräischen Original in seine Text einfließen: *shechinah*/Wohnung, *malkout*/Reich. Es klingt nach Wüste, wenn er von den zehn *sephirot,* den zehn in uns wirkenden Energien spricht; *kadov* heißt Herrlichkeit.

„Wo ist Gott", fragt er. „Im Herzen des Planeten Erde, auch dort, wo nur Feuer und Staub sind ...", er flüstert, man hört intensiver zu, „doch nicht genug, Gott ist noch größer, er umfasst alles und alles ist in ihm." Dann zitiert er plötzlich aus „Letzte Gespräche" mit Benedikt XVI. und schafft einen spannenden Übergang, der emeritierte Papst betont: „Sagen, dass Gott in unserem Herzen ist und im Herzen der materiellen Schöpfung, ist nicht genug. Es würde Gott durch die Materie begrenzen ... Er ist die Spur seiner Gegenwart."

Die Gesichtszüge der Beterinnen prägen sich ein. Sr. Myriam, die sich mütterlich um ihre Gäste kümmert. Sr. Pascale, die den monatlichen Rundbrief mit einer Predigt von Pater Petrus versendet. Sr. Birgit, eine Deutsche, die seit vier Jahren hier lebt und zuvor als Gemeindereferentin in München gearbeitet hat. Die junge Frau strahlt Freude aus. Auf die Bemerkung, meine Gebete für sie alle seien etwas kümmerlich, antwortet sie: „Die unseren sind nicht anders."

Wenn die Schwestern sprechen, sprechen sie leise. Über ihrem Kloster liegt eine schwebende Stille. Die Essen werden an drei runden Tischen schweigend eingenommen. Der Raum wirkt wie eine große Passage, er führt zugleich zur Etage und zur Küche, die der Kater Poum kontemplativ beobachtet. Einige Stufen tiefer die Kapelle, wo die Gesänge sanft unter der religiösen Dezibel-Grenze bleiben. Ansichtskarten und kleine Ikonen liegen in diesem häuslichen Refektorium aus. In der Ecke ein winziges Sprechzimmer, fast eine Telefonzelle. Auf den Regalen mystische Literatur. Der lange gesuchte heilige Isaak der Syrer befindet sich nicht darunter, doch kennt sich Sr. Dominique in der Bibliothek unter dem Dach bestens aus. Wenig später klopft sie an, strahlend, das Buch in den Händen: Die „Spirituellen Werke" mit 86 asketischen Schriften und den Briefen des großen Heiligen der Ostkirche. Die Einleitung schrieb Vater Basilios, der Obere des Athos-Klosters Stavronikita. Es ist eine großartige Entdeckung, obwohl im Mittelalter ein Bestseller, findet man es fast nur noch in Klöstern.

Der Lebensweg von Isaak dem Syrer im 7. Jahrhundert ist ein Abenteuer. Als junger Mann trat er ins Kloster ein, wurde zum Bischof von Ninive gewählt und zog sich bereits fünf Monate später ins persische Gebirge als Einsiedler zurück. Die Wirkung der Schriften des Erblindeten über die „Hesychia", das Herzensgebet, war enorm; zunächst im

Nahen Osten und Südwest-Europa, im 19. Jahrhundert in Russland. Bald zirkulierten Übersetzungen in Griechisch, Äthiopisch und Arabisch; selbst der Islam fühlte sich berührt. Seine befreiende Sicht des Problems der Hölle und des Todes hat Dostojewski, Péguy und Bernanos beeinflusst, sie war zutiefst menschlich und zugleich kosmisch. Zeitgenossen berichteten, dass er selbst für Schlangen und Dämonen betete... Die Gläubigen nannten ihn „theophoros", Träger Gottes, er spricht von Erfahrungen „schmerzlicher Zärtlichkeit".

Wie später manche Mystiker des 20. Jahrhunderts, Siluan vom Berg Athos, der Pfarrer von Ars oder Therese von Lisieux, kannte er die tätlichen Angriffe der Dämonen und die Versuchung, in der „Nacht des Glaubens" in Hoffnungslosigkeit und Angst zu versinkenen. Fern jeder Theorie erzählt er spontan, das macht ihn so glaubwürdig. In der Stunde der Gnade überströmt eine unsagbare Freude seinen geschundenen Körper, er sagt, es sei wie bei einer Mutter, die im Schmerz der Geburt das Glück erfährt. Sein Trost ist ganz nahe beim Menschen: „Glückselig, der seine eigene Schwäche kennt ... Bemühe dich, in die Schatzkammer deines Herzens zu gelangen, und du wirst den Himmel offen sehen ..."

Das Herz, das Herz. Isaak jubelt über den Ort der großen Entscheidungen: „Im Gebet des Herzens findest du die Erleichterung aller Last im Zeitenlauf, die Erneuerung im Alter und im Tod den Ozean des ewigen Lebens."

Kein Schlaf, die Nacht war hell wie der Tag, ich habe dieses Buch nicht mehr weggelegt. Dass man sich von „Dämonen" trennen muss, wusste ich, dass man es kann, will man nicht immer wissen. Isaak der Einsiedler flüstert es wie einem Freund ins Ohr. Dann hebt uns der Herr auf eine andere Ebene. Wenn wir ihm unsere kranken Knochen hinhalten, heilt er sie. Ich lese die Worte des Heiligen mit eigenen Augen, sie sehen die letzte Instanz vor dem Beginn des Glücks.

Das Kloster der Epiphanie ruht ganz an seinem ureigenen Ort, der Stille. Die Schwestern haben gestern in den Psalmen die Gestirne gelobt, jetzt flackern sie über ihrem Haus. Die Sterne greifbar nah, der Mond eine geschliffene Sichel. Der erblindete Isaak der Syrer hat diese Nacht beseelt. Über den Bergen der Alpilles geht tiefrot die Sonne auf.

*Die Basken pflegen eine dunkle Frömmigkeit, sie haben sie oft verteidigen müssen. Viele ihrer Kirchen sind auch Wehrkirchen, immer offen für die Not der Vertriebenen, die ein Exil suchen. Die Stille hat hier einen besonderen Klang, jeder Stein birgt eine Geschichte. Inmitten einer grandiosen Gebirgslandschaft das Dörfchen Ujué, noch immer bereit, sich vor feindlichen geistigen Plünderer zu schützen.*

## 17. Der letzte Ritter von Ujué

Ich habe Ujué sofort geliebt. Bei der ersten Anreise lag das Baskenland unter schweren Regenwolken. Aus San Sebastian wurden Überschwemmungen gemeldet. Dunkle Nebelfetzen hingen über der Autobahn. Ringsum geisterhaftes Gebirge, einsame Gehöfte, das monotone Geräusch der Scheibenwischer. Aber es war eine unverhofft gute Fahrt; Florian, bayerischer Fotografiestudent in Pamplona, drückte mir einen Text über seine jüngsten Reisen in die Hand, den ich zunächst nur aus Höflichkeit anlas, dann aber bald verschlang: Im Grunde erzählte er von der Ehrlichkeit des Beobachtens, vom illusionslosen Blick, von den Spuren des Eigentlichen in der lapidaren Flüchtigkeit des Lebens. Ich habe es als eine ernste Lektion empfunden und aufgehorcht, als er mir von der Wohnung in Ujué berichtete, die ich bei diesem Sauwetter gegen den Aufenthalt an der Küste eintauschte. Das Dorf, der Berg, das Haus, der Turm, die Möbel, die Weite ringsum, ich wisse nicht, was mich erwarte. So wurde ich hellwach bei dieser Regenfahrt, dann aber, die Grenze nach Navarra, dem einstigen Reich der Urbasken überschreitend, erwies sich die Wirklichkeit als weitaus souveräner als meine kühnsten Vorstellungen. Ja, nach Ujué zu kommen, war wie im Märchen.

Zunächst die Anfahrt. Hinter Tafalla die mächtige Wehranlage Cerco de Artajona und das Weindörfchen St Martin-de-Unx, dann stieg eine schmale Straße steil bergan. Vorbei an liebevoll gepflegten und durch keinerlei Mauern und Hecken getrennten Gärten ging es in abenteuerlichen Kurven 900 Meter hoch. Manchmal gab der graue Himmel den Blick frei auf den Gipfel: eine von kleinen ockerfarbenen Häusern umschlungene Festungskirche. Dramatische Architektur. Es war, als ob das Dorf noch immer auf den Schutz jener Gottesbastion angewiesen sei, so sehr drängen sich die Häuschen um die Aufbauten der Burg, die sich wie ein mächtiges Fabeltier gegen Wind und Wetter stemmt.

Dann passierte der Wagen ein altes Pilgerkreuz. Seit dem 14. Jahrhundert ziehen am Sonntag nach St. Markus Wallfahrer in schwarzen Kapuzenmänteln zur Kirche. Romeria, so heißt diese stark beachtete Frühlings-Tradition, die oben in den verwinkelten Gassen die Impressionen handgreiflichen

Mittelalters noch verstärkt. An diesem Regenabend trugen auch wir Kapuzen, und Ujué war wie immer: wehrhaft, fast abweisend. Keine Menschenseele auf dem kleinen Platz hinter dem Torbogen. Ich sah nur einen alten Mann im Fensterrahmen, ein schweres, blutrotes Gesicht, den Zigarettenstummel im Mundwinkel, starrte er regungslos ins Leere, manchmal schien er den Kopf auf und ab zu bewegen, träge, lebensmüde, wie man es von Stieren kennt.

Dann war ich bald allein in diesem Bergdorf, in diesem Haus, und spürte auf Schritt und Tritt, wie es mich in seinen Bann zog. Ich ging über Steindielen und verwinkelte Treppen, vorbei an schweren Truhen und bauchigen Ölfässern. Überall rustikale Strenge. Der Weinkeller tief unten, eine Schatzkammer, die man nur über eine steile Treppe erreicht. Im Wohnraum schnörkellose Steinwände, auf mächtigem Kaminsims Kerzen und ein Kruzifix, spärliche Zugaben wie in einer Zisterzienserkirche. Terrassen führen in das Turmzimmer, ein Ort für Evasionen, ein Versteck zum konspirativen Überwintern, Überleben. Aber die Einsamkeit war groß und wurde durch den auf die roten Dächer trommelnden Regen noch verstärkt.

Erst in der Frühe zeigte Ujué sein wahres Gesicht. Regen und Nebel waren strahlendem Sonnenschein gewichen. Am blauen Himmel zogen große, schwarz-weiße Wolken. Sanfte grüne Hügel ringsum, Maisfelder, die urplötzlich in Weinberge übergehen, dann wieder Korn, sich wild im lauen Atlantikwind beugend. Wohin man sieht: vor allem Weite. Drüben die glitzernde Ebene der Ribera, die am diesigen Horizont das berühmte Weinanbaugebiet von Rioja berührt. Dort die blaue Bergkette der westlichen Pyrenäen, deren höchster Gipfel, der 2504 Meter hohe Pic d'Anie, im Gletschereis. Zur anderen Seite die Cuenca, in der Wein, Oliven und Getreide wachsen, eine riesige, vom Ebro befruchtete Ebene. Auf den ersten Blick fast eine Impression chinesischer Terrassengärten.

Doch dann zog ein Hirte hindurch, drei-, vierhundertköpfig die Herde, der blecherne Klang der Glocken. Kurz nach acht griff der Bärtige schon zum Weinbeutel, wischte sich den Mund mit der Hand. Sehr baskisch sah er aus mit der schrägen Tellermütze, die einmal rot war.

Das ist eine Grunderfahrung auf diesen Wegen ins Baskenland: Überall leuchtet noch immer die Glut leidenschaftlichen Glaubens. Kathedralen, Klöster, Kreuzgänge, Kapellen. Überall die Schwerkraft romanischer Versenkung im nahtlosen Übergang mit den gestikulierenden Gewissheiten gotischen Jubels. Aber wir stehen staunend-hilflos vor diesem Gebirge der Inbrunst. Wir sind nicht verlassen, wir haben verlassen.

Der greise Vikar von Ujué wohnt im Haus mit der lackierten Holztüre direkt neben dem Kirchenportal und ist seit Jahren ein illusionsloser Zeuge dieses

Glaubensverlustes. Er kennt sie alle, die stets gleichen Touristenfragen, die Blitzlicht- und Videoverklemmungen vor dem Allerheiligsten, die plötzliche Begeisterung und das Wieder-davon-Stürmen. Er ist ein Kerl von einem Mann, mit tiefer Stimme nennt er all die Defizite, die in seinem langen Priesterleben über ihn hereingestürzt sind. Es sind nicht mehr die ungläubigen Mauren, die gegen die Kirchenfestungen des Baskenlandes, Navarras und der Gascogne anstürmen. Diesmal kommt der Feind von innen, er hat sich in den Herzen eingenistet und höhlt sie gierig aus. Wie auf einem vorgeschobenen Posten steht der Priester im Halbdunkel der Kirche, in der es ganz leise geworden ist. Er ist mit Gott und seinen Heiligen allein. „Manchmal weiß man nicht mehr, ob er flüstert oder schon schweigt." Aber die Augen des Vikars leuchten, sie haben das Lächeln nicht verlernt. Er ist der letzte Ritter von Ujué. Mögen die Feinde auch lärmen, er wird nicht weichen, bis man ihn hinausträgt.

Schon im 11. Jahrhundert hat hier oben eine Kirche gestanden. Auf der strategischen Höhe wurden Kriege entschieden, die Könige wussten dies zu schätzen. Karl der Böse ließ in dieser Glaubensburg sein Herz begraben. Mit klirrendem Schlüsselbund öffnet der Vikar die schweren Eisengitter, hinter denen sich in den Seitenkapellen die kostbaren Reliquien und die besonders verehrte Santa Maria la Blanca befinden. Eine versilberte, romanische Holzfigur, deren Anblick verrät, dass sie eine viel bestürmte und stets barmherzige Frau ist.

Rund um die Kirche Wallmauern und ein bedeckter Wehrgang, halsbrecherische Treppen führen hoch zu den Turmzinnen. Da und dort Gräber, man vermutet auch solche jüngeren Datums, aus dem Spanischen Bürgerkrieg. In einem Anbau sollen sich die Studiersäle einer theologischen Akademie befunden haben, heute nur noch elegische Ruinen. Im offenen Hof ein Steinkreuz, zu dessen Füßen der Wind die Rosenblüten der letzten Prozession zusammengetrieben hat.

*Die Trappistinnen-Abtei Maria-Frieden liegt oberhalb von Dahlem in der Nordeifel, auch Schnee-Eifel oder Schneifel genannt. Für den kontemplativen Orden ist es ein angemessener, rauer Ort. Mit nur noch elf Schwestern wurde im letzten Jahrzehnt die Einsamkeit größer, zwei sind schwer krank.. Von der Welt etwas entfernt, ist ihre Dramatik ganz nahe gerückt. Begegnet man einer von ihnen auf dem weiten Areal, ist da immer ein freundliches Lächeln, hört man sie in der Kirche singen, tönt es hell, fast sorgenlos. „Wir vertrauen auf den Herrn", sagen sie. Letzen Winter ist erneut eine der Schwestern gestorben, Sr. Dominica war schon 95 Jahre alt. Doch eigentlich wollte sie 100 werden.*

## 18. Ihre leuchtenden Augen

Am Dienstag, den 18. Februar 2020, ertönte zur Mittagsstunde in der Abtei Maria-Frieden die Totenglocke. Heftige, alarmierende Schläge, die Schwestern wussten gleich, was dieses Geläut bedeutete, es war ein vertrauter Klang, in den letzten Jahren hatten sie ihn wiederholt vernommen. Oben in der Krankenzelle lag Schwester Dominica im Sterben. Mit 95 war sie fast taub und blind, auch dement, ihr Dahinscheiden wurde erwartet und doch bedeutete das Schlagen dieser Glocke einen Einschnitt, es ist soweit, man hält plötzlich inne. Das kleine Eifelkloster wurde um eine Schwester ärmer, aber vielmehr: Eine der ihren ging ihren letzten Gang, dorthin, wonach sie sich alle ihr Leben lang sehnen. Der Abschied wirkt etwas traurig, doch wichtig ist allein die erhoffte Ankunft.

Im Trappistenorden, der einer strengen Observanz unterliegt, ist der Tod eine ergreifende Stunde, die Ordensregel hat dafür ein detailliertes Ritual vorgesehen. Doch ist es nahezu zärtlich, ganz der sterbenden Schwester zugewandt. Alle eilen in das Krankenzimmer. Nichts ist dem Zufall überlassen, es sind alte Bräuche, denen sie seit Generationen die Treue halten.

Selbst die Distanz vom jeweiligen Aufenthaltsort bis zum Sterbezimmer soll mit dem halblauten Rezitieren des Apostolischen Glaubensbekenntnisses erfüllt werden. Eilige Schritte im Kreuzgang und auf den Treppen und die wechselnden Credo-Verkündigungen an den „allmächtigen Vater", an den „gestorbenen, begrabenen und am dritten Tag auferstandenem Christus", an den „tröstenden Heiligen Geist", schließlich der Glaube „an die Auferstehung der Toten ...". Es wirkt wie Rufe der Bekräftigung: daran hat sie geglaubt, wir sind Zeugen, dafür hat sie gelebt.

Mit geweihtem Waser wird die Sterbende besprengt, es erinnert an das Wasser, mit dem sie getauft worden war, an das kleine Kind in den Armen der Eltern und jetzt, wieder klein und hilflos, an die wenigen Atemzüge vor dem Ende. Nahe der Kranken wird die brennende Osterkerze aufgestellt, in der österlichen Frühlingsnacht hat der Priester dieses Licht in die dunkle Klosterkirche getragen und dreimal erschallte der Ruf: „Lumen Christi". Jetzt ist der brennende Docht in der Finsternis des Todes angelangt und leuchtet.

Dann antworten alle auf die Bitten für die Verstorbene, immer wieder „Erbarme dich!". Die heiligen Apostel und Märtyrer werden angerufen, der heilige Johannes der Täufer, der enthauptet wurde. Rufe auch an die heiligen Jungfrauen und Frauen, sie mögen die Sterbende erhalten „in der Wachsamkeit bis zur Ankunft des Bräutigams". Es heißt: „Allmächtiger Herr, du bist ein Gott der Befreiung". Auch der Propheten Abraham, Isaak, Jakob und Mose wird gedacht. Zum Abschluss Gesang, die flehentliche Marien-Antiphon „Unter deinem Schutz und Schirm".

Vier Stunden nach Eintreten des Todes läuten beide Glocken der Kirche fünf Minuten. Psalmen betend begeben sich erneut alle hinauf ins Sterbezimmer, das „Subvenite" ertönt und abschließend das „Salve Regina" zur Mutter der Barmherzigkeit. Diesen Hymnus singen die Mönche und Schwestern in allen Trappistenklöstern der Welt bei Anbruch der Nacht, dann erlischt in den Kirchen das Licht und nur noch zwei Kerzen brennen vor der

Marienstatue. Tausende Male hat Schwester Dominica „aus dem Tal der Tränen" diese Bitte, den Herrn zu sehen, gesungen. Jetzt weiß sie mehr.

Die Äbtissin Schwester Gratia hatte die letzten Stunden bei der Sterbenden verbracht und dafür Sorge getragen, dass die Kranke auf den Tod gut vorbereitet war. Die Krankensalbung und die Kommunion wurden ihr gereicht und als sie noch sprechen konnte, bat sie immer wieder darum, für sie zu beten. Das Gebet. Die Schwestern schätzen, dass ihre Dominica eine „große Beterin" war, immer hielt sie einen Rosenkranz in ihrer Hand, meist war sie so vertieft, dass man sie zunächst laut ansprechen musste. Ihre Äbtissin hat beobachtet, dass sie nach der heiligen Messe bis zuletzt immer eine volle Stunde auf ihrem Platz blieb und innig betete: „Was sie sprach und tat, hatte stets etwas Spirituelles, sie war ein selten reiner und jungfräulicher Mensch, und doch durch und durch mit beiden Füßen, praktisch begabt, auf der Erde, die sie liebte, vor allem die Gartenerde ..."

In ihren letzten Stunden schloss sie sehr lange die Augen, die immer so herrlich geleuchtet hatten. Lediglich ein Spalt ihres rechten Auges zwinkerte. Dann hat die Äbtissin ihre Wunsch-Antiphon gesungen: „Herr, in deine Hände lege ich mein Leben", die letzten Worte des Herrn am Kreuz. Dann geschah Wunderbares, sie öffnete weit ihre Augen, sah nach oben und strahlte in übernatürlicher

Freude. Es hielt an, bis Schwester Gratia die Antiphon drei Mal gesungen hatte. Dann kamen die letzten Atemzüge.

Im Mai 1924 geboren, war Schwester Dominica 1953 mit einer Gruppe von 16 Schwestern aus der niederländischen Abtei Konigsoord nach Maria Frieden gekommen. Ihre sieben Geschwister erinnern sich, dass sie ein hübsches und lebhaftes Kind mit faszinierend strahlenden Augen war. Die Lehrerin für Montessori-Schulen hätte als Hochbegabte es fast zur Pianistin gebracht. Doch kam alles anders. 1950 trat sie dem strengen Trappistinnen-Orden bei, für das Kind der Fröhlichkeit ein riskanter Schritt. Es herrschten die Armut der Nachkriegszeit und im Kloster Sitten und Bräuche, die eine nahezu heroische Askese erforderten: Stundengebete, lange Nachtwachen, Fasten, harte Feldarbeit, Selbstzüchtigung und ein nahezu totales Schweigen, das nur durch eine kuriose Zeichensprache gemildert wurde. Doch hat die Schwester diese Prüfungen mit starker niederländischer Geduld ertragen, bald avancierte sie zur Buchhalterin und Außencellerarin, es waren Vertrauensposten, die sie mit großer Liebenswürdigkeit bewältigte. Selbst auf ihrer Todesanzeige sieht man sie lachend auf ihrem „fiets", dem Fahrrad, das ihr den Namen „fliegender Holländer" einbrachte.

Trotz zunehmender Taubheit liebte sie das Orgelspiel. Ihre Lieblingsheiligen waren Maria, Joseph und Antonius von Padua. Gelesen hat sie nicht viel, es sei denn die Erbauungsschriften aus der Zeit vor dem Konzil, das sie, die Ausdauernde und Bodenständige, nicht gut verkraftete. Die Professoren Rahner und Küng hat sie nicht gelesen. Was sie nicht mochte, mochte sie nicht, selbst mit ihrem Bett konnte sie sich nicht anfreunden. So war auch ihr letzter Weg ziemlich kurz und bündig. Für sie war der Garten bestellt, es musste Frühling werden.

Die Abschiedsmesse von Schwester Dominica stand im Zeichen der Auferstehung: „Christus erstand, Er mein Hoffen". Die Osterkerze brannte, die liturgische Farbe war weiß, die Gesänge befreiend: „Libera me, Domine", immer wieder wird die Verstorbene mit Weihwasser besprengt und mit Weihrauch gesegnet, es hat etwas mit Nachhaltigkeit zu tun. Die Lesungen erfolgen aus dem Buch Kohelet („Alles hat seine Stunde …") und dem Korintherbrief („Verschlungen ist der Tod vom Sieg"). Auch das Johannes-Evangelium entsprach ihrem Wunsch: „Wenn ich nicht fortgehe, wird der Beistand nicht zu euch kommen."

Zusammen mit Schwester Mechthild spielt die Äbtissin auf der Querflöte ein Adagio aus der zweiten Sonate von Jean-Baptiste Loeillet de Gant. In der weißen Kirche wird die Stille größer, war es nicht die Musik, die Schwester Dominica seit ihrer Kindheit so geliebt hat? Hier auf der Bahre hat sie noch etwas Kindliches, so wie es die Äbtissin Gratia von ihr erzählte: „Für mich war sie immer ein Sonnenstrahl, ein rührend vertrauendes kindliches Gemüt." Mitten im Chor ist ihr Gesicht, je nach Lichteinfall, bräunlich wie nach der Gartenarbeit, in ihren Händen der Rosenkranz, den sie in siebzig Klosterjahren nicht losgelassen hat. Nach der alten Tradition des Ordens ist auf einen Sarg verzichtet worden, kein Beiwerk mehr, alle Armut und Einfachheit in der Hingabe zu Gott. Das Ritual hat nichts Beängstigendes, die Schwestern gehen an der Aufgebahrten vorbei wie an einer Lebenden. Noch immer ist Gemeinschaft, sie gehören zusammen, viel Frieden geht davon aus.

Durch den Kreuzgang der Klausur tragen sie die Schwester zu ihrer letzten Ruhestätte. Das Brett schaukelt bei jedem Schritt wie ein Schiff, das zum Hafen einläuft. Mit zwei Seilen wird sie in das offene Grab gesenkt. Noch immer Psalmen, Fürbitten, Weihrauch und Segenswasser. Nach kurzen Sonnenstrahlen hat sich am dunklen Himmel der Wind gehoben und weht durch das Heckenholz über den Friedhof. Es ist noch später Eifel-Winter. Die Schwestern halten ihre Kopftücher fest. Dann treten sie einzeln vor die Grube und werfen der Toten eine Rose zu. Ganz arm und einsam sieht sie in der bloßen Erde aus. Klein wie ein Saatkorn, doch schon aufgebrochen für die Herrlichkeit.

*Man muss den Eingang zu den protestantischen Schwestern im Provence-Örtchen Pomeyrol hinter hohen Hecken suchen. Das ist ihre Art der Diskretion. Doch sind die Schwestern heitere und gastfreundliche Frauen. Von der protestantischen und katholischen Kirche unterstützt, bilden sie eine außergewöhnliche Klostergemeinschaft: beeindruckende Gesänge in einer kleine Kapelle, intensives Studium der ökumenischen Spiritualität sowie zahlreiche Begegnungen, auch mit Juden und Moslems. Die Oberin Mutter Danielle beherrscht die Führung mit milder Strenge, doch wenn sie lächelt, ist sie am schönsten.*

## 19. Martin Luther und Mutter Oberin

Ein altes Jagdhaus, die Schwestern sagen, „das Haus des Schweigens". Der Park zugewachsen wie ein Märchenwald. Die Äste reichen bis ins Zimmer. Es trägt den Namen „St Bernard de Clairvaux", der schrieb, er habe in den Wäldern mehr gelernt als in all seinen Büchern. Auf dem Tisch frische Feldblumen. Nach heftigen Stürmen kehrt die Sonne überfallartig zurück, letzte Tropfen, silbern im Dunst. Das Licht der Provence, die Ehrlichkeit der Farben. Seit drei Wochen weder Zeitung noch Fernsehen, noch Internet. Im Übermut die Erklärung: Wenn das Ende der Welt anbricht und Christus wiederkehrt, werde ich alles erfahren ... So ist die Ankunft in Klöstern, die Uhren sind umgestellt, in welche Zeitrechnung erfährt man erst nach und nach. Doch ist die Bereitschaft zu folgen, wohin auch immer, sehr spannend.

Die Gemeinschaft der Schwestern von Pomeyrol ist protestantisch. Man hört und schaut und staunt. Sie leben die drei großen Gelübde, Armut, Gehorsam und Keuschheit. Während der Stundengebete tragen sie ein braun-weißes Habit. Sie heißen Danielle, Marthe-Élisabeth, Marie-Christine. Ihr Alter leicht vorgerückt. Gepflegte Gesänge aus dem Schatz der Kirche aller Zeiten. Kantaten von Bach und Palestrina, meditative Lieder aus Taizé. Die Fürbitten frei von schwebenden Allgemeinheiten, stets sensible Bezüge. Am Freitagsfeiertag für „unsere Brüder, die Moslems". Am Sabbat für Israel, „Gottes erste Liebe". Zwischen den jüdischen Festen Yom Kippur und Sukkot das Gedenken an den Juden Paulus, der trauerte „weil sein Volk ihm nicht folgen wollte". Dann für alle christlichen Kirchen, „die in dieser Stunde die gleichen Psalmen beten". Schließlich fast privat aus der Not: „Für Cathy, im Sumpf von Alkohol und Drogen".

Die kleine Kapelle ist von spartanischer Klarheit. Die Wände weiß, kein Chorgestühl, ein einfacher Altartisch, doch umso mächtiger die aufgeschlagene Heilige Schrift, der durchbohrte Christus, ein einziges Fenster. Diese Schlichtheit wirkt sehr symbolisch: die Bibel, das Kreuz und die Welt. So ist stets eine Offenheit für Gläubige, Praktizierende oder Nicht-Praktizierende, Suchende und jene, die sich zufällig hinter die Mauer zur Landstraße nach St- Rémy-de-Provence verirrt haben. Pomeyrol ist mehr Gemeinschaft als Kloster, die Gebäude sind wie Pavillons auf dem Gelände verteilt. Das Engagement für die Ökumene eint sie, dafür haben sie alles hergegeben. Die Mahlzeiten werden gemeinsam eingenommen, sie haben ihr eigenes Ritual. Die Lektorin zitiert den katholischen Bischof Helder Câmara und den protestantischen Märtyrer Dietrich Bonhoeffer. Aus den Tagebüchern des im Kongo abgestürzten UN-Generalsekretärs Dag Hammarskjöld heißt es: „Nicht ich, aber Gott in mir."

Dann wieder Stille. An solidarischen „Hungertagen" gibt es nur Haferflocken. Die Tischordnung wechselt täglich, stets neue Nachbarschaften. Kurzkommentare aus der Tagespresse fehlen nicht. Als Journalist erfinde ich eine Fantasy-Meldung: Es zirkuliert das Gerücht vom Weltende, die ersten Heiligen seien in Les-Saintes-Maries-de-la-Mer an Land gegangen, allen voran die herrliche Thérèse aus Lisieux, Jeanne d´Arc im Feuerglanz, der Pfarrer von Ars entsteigt seinem Glasschrein, aus Tamanrasset eilt Charles de Foucauld herbei, dann die Nicht-Kanonisierten: Von Marthe Robin sind alle Fesseln gelöst, Pascal, Claudel, Bloy und Péguy lesen ihre besten Texte. Georges Brassens singt ein Marienlied.

Frankreich, die älteste Tochter der Kirche, jubiliert. Dann ein heftiges Klopfzeichen, die Oberin ruft zum Spülen.

Schwester Danielle ist der Archetyp einer Vorgesetzten, sie lässt es spüren. Harte Schale, weicher Kern. Ihr Blick ein Radarauge, die Sprache in milder Dominanz, manchmal reicht ein Fingerzeig. Sie beherrscht die Kunst kreativer Unterbrechungen. Am Tisch, selbst in der Kapelle erfolgen Hinweise, Erläuterungen. Ist alles in ihrem Sinne strahlt sie Seligkeit aus. Die Schwestern mögen sie und lächeln. Gegenüber den Gästen ist sie ein liebenswerter Mittelpunkt, nach einigen Überraschungen schließt man sie ins Herz. Als wir am Abend zusammen eine Aussprache über die Bibelpassage der hartnäckigen Witwe halten, ist sie in ihrem Element: herausfordern und anfeuern.

In ihrem Zimmer im Nachbarhaus herrscht geordnete Vielfalt: Verwaltungskram, theologische Bücherwand und Privatarchiv. Sie weiß, wo alles steht. Schwester Danielle entstammt einem liberalen christlichen Milieu, nach dem Abitur wusste sie noch nicht so recht wohin: Missionarin? Pastorin? Die behinderten Kinder aus dem Algerien-Krieg stellten vor neue Aufgaben. „Wenn Gott will, sind die Dinge manchmal sonderbar", sagt sie. Bei Einkehrtagen in Pomeyrol fing sie Feuer und trat 1967 ein. Sie hatte viel gesehen, viel erlebt: „Was ich vom Leben haben wollte, habe ich gehabt." Das ist ihr Stil, kurze ungeschminkte Wahrheiten. Auch wenn es bisweilen schwer fällt in der Kirche, „sind wir da, wo Gott uns will". Das monastische Leben liebt sie „über alles". Sie erinnert spontan an Frère Roger aus Taizé, mit dem sie oft kreativ gestritten hat. Das ist die kontemplative Entschlossenheit der Kirchen-Pioniere. In ihrem Tagebuch stehen die Worte: „Herr, du warst immer ein Freund."

Zur Nacht rauscht der Regen, oben im Jagdhaus ist er wie ein Schutz, das Alleinsein in der Zelle wird größer. Es bringt Reinigung und singt das Lied der Treue. Immer dasselbe, es hat etwas mit Gott zu tun: Ihm entgegen gehen, im Klosterwald die Arme ausbreiten. Was will ich auf dieser Reise? Den im Dunkel glühenden Christus. Ihn begleiten, wenn er die Stille suchte und an einsamen Orten betete. Wachen mit ihm, wenn er sich auf den Bergen zurückzog. Tief hinein hören in sein Schweigen, wenn leise der Vater spricht.

Die Lektüre des Buches für Gäste von Schwester Antoinette treibt an, kurze Texte, die vom Morgengrauen bis zum späten Abend reichen. Weit über Willkommensworte, Gebetszeiten und Hausordnung hinaus, geht es um alltägliche Sinnsuche, konkreten Hintergrund: „Beim Aufwachen brechen unsere guten und bösen Instinkte hervor. Unser Wille muss sofort diese Unordnung aufräumen." Den neuen Tag nennt sie „eine gemeinsame weiße Seite". Bei den Quäkern hat sie gefunden, die Stille sei „vielleicht das größte Sakrament, leise spricht Gott darin". All unsere Sorgen, Projekte, Unfähigkeiten und Sünden gehören „hinein gezwungen in diese Stille". „Meister", so nennt sie den Herrn: „Betrachten wir unseren Meister, damit sein Leben nach und nach in uns eindringt." Freiheit ist für sie nicht nur „die Katze, die ohne Gewissensbisse faulenzt, die Blume, die in der Sonne aufleuchtet, sondern: der Meister selbst!". Das sprengt alle Horizonte.

Ihr Blick auf den Schlaf gleicht einer Meditation: „Er ist das Weizenkorn in der Winternacht, er prägt Gedanken und Aktion, den Körper und das Unbewusste." Der Schlaf kann nur durch das Gebet ersetzt werden, wenn er naht, ist es ein ernsthafter, religiöser Zugang. Sie geht noch weiter: „Wir sind unbeweglich wie im Grab und durch alle Pforten unseres Wesens dringt langsam der Unsichtbare ein." Die Schwester liebt das Knien vor dem Meister: „Bleiben wir in ihm, alles wird gegeben. Sprechen wir mit ihm wie ein Freund zu seinem Freund. Singen wir mit ihm, lispeln wir mit ihm, schweigen wir mit ihm. Im Anruf des Gebetes ist bereits die Erhörung in Sicht."

Am Wochenende ist der junge Dogmatiker Guilhem Antier aus Montpellier zu theologischen Vorträgen gekommen, vierzig Zuhörer schreiben eifrig mit. Für einen Katholiken sind es Lehrstunden über Martin Luther und Johannes Calvin. Die Gnade steht im Mittelpunkt, „es gibt nichts besseres als das Wort Gnade", schrieb Dietrich Bonhoeffer nach der Paulus-Lektüre: „Meine Gnade genügt dir." Luther verwarf den Begriff „Gerechtigkeit Gottes", bis ihm ein ganz anderer Sinn offenbar wurde: Gnade als Kleidung, die ganz umhüllt und nichts kostet. Das Heil als geschenktes „extra nos". Die Freiheit des Christenmenschen, der Gläubige ist frei, wenn ihn das Wort Gottes gefangen hält. Calvin: „Das Herz des Menschen kann sich nur auf der Gnade ausruhen."

Der Übergang von der tastenden Theologie zum Abendmahl in der Kapelle hat etwas Versöhnliches. Der wahre Beter sei der eigentliche Theologe, sagen die orientalischen Kirchenväter, kopfstehende Fragen kommen wieder in die richtige Balance. Die Schwestern tragen sonntägliche weiße Wolljacken. Die Gesänge sind feierlicher, fast alle Gasthörer sind geblieben. Schwester Oberin liest neben dem Altartisch jene Texte, die in der katholischen Messe zum „mysterium fidei" gehören. Es ist mehr Gedenken als Verwandlung, mehr Erinnerung als Hochgebet. Mit ausgebreiteten Armen spendet sie den Segen.

Eine Schwester fällt auf, die in der Kapelle einen schlichteren Umhang trägt: Marie-Christine, eine belgische Benediktinerin. Nach der Auflösung ihres Klosters hat sie einen anderen Weg gesucht und entdeckte in der protestantischen Gemeinschaft von Pomeyrol eine neue Heimat. Kirchenrechtliche Fragen sollten sie nicht hindern, so sahen es auch ihr Bischof und die Oberen. Seitdem gehört sie dazu. Ihre Präsenz ist ein schönes Beispiel gelingender Ökumene. Mit ihren Schwestern singt sie die Stundenpsalmen, sonntags radelt sie ins Dorf zur Messe.

*Der Dominikaner André Gouzes ist ein Meister der Musik. Nach einem aufregenden Lebensweg hat er sich in den Ruinen der ehemaligen Abtei Sylvanes im südfranzösischen Département Aveyron niedergelassen und sie mit polnischen Freunden wieder aufgerichtet. Man nennt sie „die Abtei in den Wäldern". Unter Gouzes und seinen Freunden sind weltweit beachtete Musik-Festivals entstanden. Sie alternieren mit der Einsamkeit und Stille einer großartigen Landschaft. Gott musiziert.*

## 20. Gott blüht durch Überraschungen

Ich habe ihm beim Friedensgruß ins Ohr geflüstert: „Der Herr liebt Sie." Wir kannten uns nicht, das machte die Situation spannend. Eine Sekunde zögerte er und schaute dem Fremden in die Augen. Dann brach es aus ihm heraus: „Dich liebt er auch, mein Freund." Ich spürte seine starken Arme, seine Hände. Strahlende Augen, als er zum Nächsten weiter ging. Selten war eine Begegnung während einer Messe so spontan. Pater André Gouzes liebt diese Überraschungen, fast sieht er sie voraus, jedenfalls rechnet er damit und stürzt darauf zu.

Es ist seine Art, die Liturgie zu feiern: möglichst ein von Gesängen, Gebeten und Gesten umrauschtes Meisterwerk. An diesem Ort nichts anderes als ein

Fest, Freude und Segen in permanenter Schwebe. Sie schallen von den mittelalterlichen Mauern zurück und lassen niemanden unberührt, selbst die Steine singen. Barockengel und Posaunen würden sofort einstimmen, doch wollten die Zisterzienser hier nichts als kühne Strenge. Weder Ablenkungen noch Emotionen. Pater Gouzes ist ein diesem Stil ganz zugewandter Zelebrant, Regisseur und Dirigent. Ohne die Chormusik ist er nicht denkbar. Die Eucharistie gerät zum Ereignis. Die Glut von Opfer und Dank fließt ineinander über. Nimmt er Brot und Wein in die Hände, weiß jeder, dass ein Mysterium naht. Der Heilige und das Heilige. Aufbruch und Stille sind synchron, selbst in der Wiederholung immer wieder neu. Ich höre hier die schönen Worte: „Gott blüht durch Überraschungen."

Das zisterziensische Sylvanès und der Dominikaner, das sind kontrastreiche Übergänge, überall zwei Seiten: Der Ort des mönchischen Schweigens und die gestikulierende Präsenz des Predigers. Die Einsamkeit in dichten Wäldern und die tausende Besucher der Festivals sakraler- und Weltmusik. Die Monotonie monastischer Psalmen und das Crescendo seiner Chöre. Die europaweite Ausstrahlung des Zisterzienserordens und die Anziehungskraft internationaler Kunst- und Kulturtermine. Die spartanische Lebensweise der Beter und Arbeiter und das bescheidene bäuerliche Umfeld im Aveyron.

Das Nest zählt nur 121 Einwohner, ein Tante-Emma-Laden mit Poststation, bei Christophe im ländlichen Gasthof gibt es „Flaune", einen Käsekuchen der Extraklasse, dazu Wein aus Marcelin. Aber sonst große Stille, blutrote Erde, in der Dämmerung Wildwechsel, Jäger mit geknickten Gewehrläufen. Die Abtei der massive Mittelpunkt. Die frühen Zisterzienser und die modernen Nachfolger des hl. Dominikus trennen fast tausend Jahre, doch ist das Opus Dei der Genius dieses Ortes geblieben.

Die Freunde der erst 1975 restaurierten Abteikirche haben sie „die Kathedrale in den Wäldern" genannt. Zwar residierten hier nur fromme Äbte und ihre verweltlichten Nachfolger, doch erhebt das aus dem 12. Jahrhundert stammende Bauwerk so etwas wie einen Machtanspruch. Markant stehen die Restgebäude in dem abgelegenen Tal. Mit fast 15 Metern ist es die breiteste Zisterzienserkirche Frankreichs, gemessen an ihrer Höhe ähnelt sie mit ihrer mächtigen Orgel einem Saalbau. Tritt man hinein, wird die Stille vor dem Heiligen noch größer, Sylvanès ist eine Halle, zwischen romanischen und gotischen Spuren muss man den Weg suchen.

Die Mauern gehen in die Wälder über, als sei selbstverständlich, dass diese Kirche nur hier erbaut werden konnte. Selbst in der Verlassenheit, im Niedergang als Ruine hat sie den vereinsamten Gott nicht preisgegeben. Raum ist Sehnsucht. Hier, ohne Säulen und Gestühl, ist diese Sehnsucht besonders groß. Starke Einfälle für gebündeltes Licht, das Gewölbe aus Tuffstein gewährt eine einmalige Akustik, fast zu viel Platz zum Beten.

Einzige Ornamente sind Glas- und Wandsymbole, Maria und die zwölf Apostel, verschlungene Details von Pflanzen, Blättern und Wasserläufen, die in dieser Wüste aus Kalkstein nur spärlich fließen, wie im Versteck ein triumphierender Christus. Wohin man blickt, herrscht radikale Reinheit. An das klösterliche Regime erinnert allein die steile Treppe, die vom Schlafsaal der Mönche direkt in den Chor führt. Schlug um 2.30 Uhr die Glocke, eilten sie von ihren Strohsäcken zum Nachtoffizium. Es war der kürzeste Weg, ihre ersten Worte: „Gott, komm mir zur Hilfe!"

André Gouzes ist ein großer, kräftiger Mann mit unverkennbarer Stimme. Als er in den frühen siebziger Jahren Sylvanès entdeckte, war es wie eine Rückkehr zu seinen Ursprüngen. Das Aveyron ist seine Heimat, 1943 wurde er in Brusque geboren, dieser Name bedeutet „plötzlich, jäh, abrupt"; betrifft es eine Person, hat das Wort einen heftigen, vorwärts drängenden Klang. Darin ist etwas von seinem Naturell: Aufbruchsstimmung. Ebenso resolut entschied sich Gouzes für den Dominikanerorden, er wollte zu den Menschen gehen, sie aufrütteln, sie nicht allein lassen, mit ihnen musizieren. Nach Aufenthalten in Toulouse und Kanada gerät der Dreißigjährige in eine schwere Krise: Die

Flügelkämpfe um Theologie und Liturgie haben ihn zermürbt. Er denkt ernsthaft daran, den Orden und sein Priestertum zu verlassen. Sylvanès ist seine Rettung. Obwohl nur noch Scheune, Schafstall und Geräteschuppen existieren, obwohl es weder Strom noch Wasser gibt, ist der verirrte Mönch von dem Ort fasziniert. „Eine Unterkunft wie für Clochards", meint er über dieses Verlies. Er findet zu seiner Berufung zurück und hält in der Restkirche Gottesdienste ab. Sein Orden, dem zu diesem Zeitpunkt so abenteuerliche Köpfe wie Congar, de Lubac, Schillebeeckx oder Bruckberger angehörten, gewährte ihm eine unbegrenzte Sabbatzeit.

Pater Gouzes, der bei Kerzenschein in der eiskalten Kirche singt und Orgel spielt, ist ein Musikgenie. Die verängstigten, trostlosen Liedchen der Nachkonzilszeit kann er nicht mehr hören und beginnt sein bis heute nicht abgeschlossenes Opus: „Liturgie des Gottesvolkes". Das mitreißende Meisterwerk für das Volk Gottes gelingt. Vergessene Gesänge der West- und Ostkirche fließen darin ein, uralte gregorianische und byzantinische Traditionen leben wieder auf und helfen, ihn mit der angeschlagenen Kirche zu versöhnen. Seinem Freund, dem orthodoxen Theologen Olivier Clément, vertraut er an, dass die östliche Liturgie seinen Glauben und seine christlichen Wurzeln gerettet hat, sie ist „der heilende Ort für zerrissene Herzen". Sie berührt die Stille, sie ist ihre Nachbarin.

Selbst staatlich-laizistische Sponsoren haben Pater Gouzes geholfen, vier Kilometer entfernt in den Wäldern ein Anwesen zu errichten, das sie „La Grange", die Scheune, nennen. Ein Unikum für einsame Sucher, eine Bleibe für fünfzig Gäste, eine zweigeschossige Bibliothek, ein Kreuzgang mit ständiger Ausstellung, Arbeitstische, Schlafsäle, überall Instrumente. Kartäuserkloster und Kulturzentrum zugleich. Nur einige Schritte entfernt entstand eine orthodoxe Holzkirche, eine Liebeserklärung an die Ökumene. In diese Lichtung der Künste und des Glaubens hat sich André, wie ihn hier alle nennen, zurückgezogen. Hieronymus im Gehäuse, nur Glas und Balken. Eine kleine Zelle mit Leiter hinauf zu seinem Schlafplatz. Künstlerchaos, Bücher, Kassetten, Stiefel, Papierhaufen. Sonntags wechselt er Jeans und T-Shirt mit dem weißen Dominikaner-Habit, eilt zur Abtei und fällt all den Menschen, die auf ihn warten, in die Arme.

Der Zufall hat mich auf Umwegen hinauf zur Scheune geführt. Ein Fremder in der Fremde, keine Verabredung, nur etwas neugierig. Als ich die Türe öffne, schallt eine bekannte Stimme: „Da kommt jemand, den ich kenne." Es ist der Meister selbst, André, der musikalische Magier. Sein Kuss, seine packende Hand. „Lass uns zusammen frühstücken." Unter der Lampe eine englische Literatur-Studentin und ein polnischer Pianist. Sie fast noch ein Kind, er schlank, blass, slawisch. „Nimm starken Kaffee", sagt André, auf dem Tisch Bauernbutter, Landbrot, Schafkäse, Töpfe mit Aprikosen- und Pflaumenmarmelade. Im Kamin brennen Holzscheite, er steht in der Mitte des nach allen Seiten offenen Raumes, ein Rohr führt zum Dach, ringsum ein Dutzend Sitzplätze. Hier ist alles Musik und Feuer. Auch Pater Gouzes selbst, der es liebt, vor der Glut bis in die Nacht zu diskutieren, vorzugsweise über Kompositionen und das Mysterium des barmherzigen Gottes.

Zunächst stellt er klar: Er ist ein Gegner von Institutionen, die Charisma ersticken, in denen denunziert und verboten wird. Er sagt es den Bischöfen schmunzelnd-sarkastisch. Er ist traurig, wenn die Obrigkeit die Herzen enttäuscht. Den Bedenkenträgern im Orden hält er entgegen: „Weshalb kommen kaum noch Jugendliche?" Kein Wunder, dass er im Konvent nicht zu halten war, aber die Nachfolger des hl. Thomas von Aquin sind kluge Brüder, sie ließen ihn ziehen, ohne dass er sie verlassen musste. Das sagt auch er: „Ich kenne großartige Männer bei uns, wir sind der Orden der Freiheit."

André Gouzes liebt sein Land, die Erde, die Heimat. Er weiß, dort, wo den Zisterziensern die Einsamkeit und das Wasser reichte, wo die Templer stürmten und Banditen die Pilger nach Santiago di Compostela ausraubten, ist die Nachbarschaft spannend. In Albi wurden Ketzer und Katarer hingerichtet. In Béziers rief Arnaud Amaury, der Päpstliche

Legat und Abt von Cîteaux, den Landsknechten zu: „Tötet sie alle, Gott wird die Seinen erkennen." 1791 vertrieben „freie und brüderliche" Revolutionäre die wehrlosen Mönche und rissen alles nieder. Das Baukunstwerk geriet zum Steinbruch. Der Glaube an den Neubeginn hat alles aufgerichtet.

Dann zeigt er mir seine Scheune, streichelt Bücher, Notenblätter und Instrumente. Im leeren Speichersaal spielt der junge Pianist Schubert, Impromptu N°3, allegretto. Die Tannenzweige reichen bis ans Fenster. Im Kreuzgang Brunnenwasser und die Werke polnischer Künstler. Die Statue Johannes des Täufers entstand unter dem Einfluss des Krakauer Erzbischofs Sapieha, dem geistlichen Vater des heiligen Johannes Paul II. Die Stimme des Rufers in der Wüste, der erhobene Arm, eine Faust fest auf dem Herzen. „Der letzte Prophet", sagt André. „Es wird ihn den Kopf kosten".

Die Bücher, die Wälder, die Musik. Er spricht über die Schönheit Gottes und geht weit bis in die ersten Zeilen der Genesis zurück: „Denn er sah, dass es gut war." Wie könnten wir leben, wenn sich diese Schönheit nicht jeden Tag über die Hässlichkeit der Sünde und des Unglücks erheben würde? Er liebt „Orte der Anfänge", deren stille Schönheit in die Transzendenz führt. „Die Kirche spricht in der Schönheit, die in uns die Nostalgie nach dem Unendlichen weckt ... Die Schönheit flüstert." Doch treibt er keine Schönfärberei, der von der Schönheit berührte Mensch ist zugleich zerrissen und zerbissen. In den Briefen von Van Gogh hat er gelesen: „Mit meiner Arbeit riskiere ich mein Leben und meinen Verstand." Auch er, der Meister, weiß wovon er spricht: „Die Schönheit ist der Sieg des Menschen über die Nacht."

Das Drama von Sylvanès: André Gouzes ist krank, die Demenz hat begonnen. Wenn er zögert und zittert, will er es sich nicht anmerken lassen. Er möchte mir noch dringend seine neuen Kompositionen vorspielen und kehrt nicht zurück. Während der Messe in der Abteikirche muss ihn ein Helfer auf Schritt und Tritt begleiten. Lächelnd lässt er zu, dass man ihm die Buchseiten wechselt. Während der Predigt verliert er den Faden und sagt, er sei nicht mehr der Jüngste. Dem von ihm entworfenen Choral zu folgen fällt ihm schwer. Nach dem Gottesdienst braucht er Ruhe. Noch ein gutes Wort, ein strahlendes Lachen, dann verschwindet er mit seinem Moped hinauf in den Wald.

*"Die gegenwärtige Abwesenheit Gottes ist im Stillen von der Frage nach ihm bedrängt"*, sagte Papst Benedikt XVI. 2008 bei einem historischen Vortrag in Paris. 700 Zuhörer im *"Collège des Bernardins"*, europaweit ein Ereignis. *Die Worte berührten zutiefst die Not der Zeit, das Schweigen Gottes und die Suche nach ihm. Paris, das mittelalterliche Zentrum des Geisteslebens und als von der Liebe träumende Stadt besungen, steht im Mittelpunkt der Widersprüche. Als am Abend des 15. April 2019 ein Großbrand die Kathedrale Notre-Dame verwüstete, titelte das Linksblatt "Libération" am nächsten Morgen: "Notre Drame". Unser Drama. In der Stille Gottes ein Aufschrei.*

## 21. Die Bohème und der heilige Paulus

Die von Sumpf und unterirdischen Bächen gefährdeten Fundamente des „Collège des Bernardins" in Paris sind längst befestigt, doch scheint es, die alte Erde bebt noch. Das Quartier Latin ist noch immer eine magische Adresse. Es gibt nicht viele Orte in Europa, wo das pulsierende Mittelalter so präsent blieb. Was zusammenbrach, ist renoviert oder wieder aufgebaut. Mehr noch: Das schlechte Gewissen der Revolutions-Eiferer und die geschlagenen Konservativen waren gemeinsam bemüht, den ehemaligen Glanzstätten europäischer Kultur etwas von ihrem ursprünglichen Charisma wiederzugeben. Das „Collège" ist ein sehenswertes Musterbeispiel dieser französischen „Reconquista". Rechte und linke Regierungen, der nationale Denkmalschutz und die Erzbischöfe von Paris steckten 50 Millionen Euro in ein Gebäude, in dem zwischen dem 13. und dem 17. Jahrhundert Tausende junge Zisterziensermönche Latein sprachen, von 6 bis 21 Uhr Theologie studierten und unter den Dachbalken auf Strohmatten schliefen. Von den Anhängern Dantons und Marats wurde es zunächst als Gefängnis, später als Salzspeicher, Feuerwehrkaserne und Steinbruch missbraucht. Seit 2009 beherbergt das Bauwerk die „Katholische Akademie von Frankreich", in dem Auditorien, Säle, Debattier- und Ausstellungsräume untergebracht sind. Als ich hier eintrat, dachte ich: „Die Kirche lebt wieder."

Papst Benedikt XVI. sagte hier am 12. September 2008 vor 700 Vertretern aus der Welt der Kultur über die Aeropag-Rede des hl. Paulus: „Aber wie damals hinter den vielen Götterbildern die Frage nach dem unbekannten Gott verborgen und gegenwärtig war, so ist auch die gegenwärtige Abwesenheit Gottes im Stillen von der Frage nach ihm bedrängt." Nach den Antworten wird hier täglich gesucht. „Sich Zeit nehmen", gilt für alle Besucher, „Zeit um zuzuhören, zu betrachten und sich in der Theologie zu bilden". An einem Lehrstuhl und in zehn

Fachrichtungen wird gelehrt, doziert und debattiert, von den Humanwissenschaften zur biochemischen Ethik, den Künsten bis hin zum Verhältnis von Juden- und Christentum. Die große Losung heißt „Das Menschliche in der Herausforderung des Numerischen". Im Zentrum eine Säulenhalle, ein gotisches Prachtschiff, grandiose schlanke Stützen für das große Ganze.

Die Nachbarschaft des „Collège" empfinde ich als abenteuerlich. Die Sorbonne-Universität liegt nebenan, drüben streift schon die Seine die Insel St Louis, auf dem Boulevard St Michel brannten im Mai ′68 die Barrikaden der Studenten, Juliette Gréco sang mit rauer Stimme in den Kellern von Saint-Germain-des-Prés, die Existenzphilosophen Jean-Paul Sartre und Simone de Beauvoir tafelten täglich im „Deux Magots", das katholische Verlagshaus „Le Seuil" nur ein Steinwurf entfernt. Jenseits des Stroms die Kathedrale „Notre Dame", wo der unheimliche Glöckner Quasimodo hauste und sich Paul Claudel am Weihnachtstag 1886 bekehrte. Zehntausende kamen vor der Brandkatastrophe täglich hierher.

Am Nachmittag habe ich eine starke Begegnung im „Collège". Für Pater Éric Morin bedurfte es keiner besonderen Courage, um Priester zu werden. Der 54-Jährige erzählt von seiner katholischen Familie in Paris, die oft von Priestern besucht wurde, begeistert von der Eucharistie und dem Zölibat.

„Vielleicht ist es Gott, der ganz leise zu mir spricht", sagte sich der 17-Jährige. Als er 1984 ins Seminar eintrat, hatte eine junge Frau sein Leben „durchquert", doch fühlte er sich jetzt frei. Die Zeit war schwierig, Nachwehen des Konzils, Austritte, Enttäuschungen, der Übergang von Kardinal François Marty zu Kardinal Jean-Marie Lustiger ein Schmerzensweg. Der alte Marty wartete auf seine stolpernde Herde, Lustiger hatte die Notwendigkeit dringender Reformen erkannt.

Morin studierte in Rom an der Gregoriana und sagte sich in der jesuitischen Bastion dennoch manchmal: „Morgen nehme ich den Zug." Er hatte andere gesehen, die scheiterten. Heute ist er Doktor der Theologie, Koordinator an der Kathedral-Schule, Direktor der öffentlichen Kurse und des Instituts für Religiöse Wissenschaften, Pfarrer im etwas anrüchigen Viertel Belleville. Im „Collège des Bernardins" spielt er als spiritueller Lehrer eine herausragende Rolle. Sein Name hat einen guten Klang im Lärm der Hauptstadt. Er repräsentiert aufgeschlossene Treue. Als der junge Priester antrat, befand sich seine Kirche in der Defensive: Der desertierende Prior Bernard Besret verschüchterte in der Bretagne den Zisterzienser-Orden, die Traditionalisten um Msgr. Marcel Lefebvre besetzten die Pfarrei St Nicolas-de-Chardonnay, Bischof Jacques Gaillot rebellierte für eine „Kirche der Armen", manche gingen. Morin staunt: „Typisch, es sind immer die Progressisten, die gehen." Frankreich als „älteste Tochter der Kirche" hält er für „eine historische Erinnerung an Chlodwig und die hl. Geneviève", das alte Mädchen trägt heute Jeans. Dagegen bleibe es eine „nationale Frage", ob Frankreich auch weiter durch die Kirche geprägt werde. Da ist er skeptisch, „manchmal kommt es zur Katastrophe".

Ist in Frankreich der Konflikt zwischen dem laizistischen Staat und der Kirche ein pathologischer Dauerzustand? „Da herrschen Untergrundkämpfe, Schikanen und intellektueller Streit; von allem etwas." Die antiklerikale Tradition ist tief verwurzelt. Doch gibt es subtile Zeichen des Wandels: Die Erklärung der französischen Bischofskonferenz über ein „Politisches Umdenken in einer sich ändernden Welt" wurde von „La Libération", dem Kampfblatt der Linken, gewürdigt. Morin zwinkert mit den Augen: „Das tut gut." Über die Verbindungen mit der zivilen Gesellschaft stritt man mit dem ehemaligen Präsidentschaftskandidaten François Bayroux. Die Enzyklika von Benedikt XVI. über die Liebe wurde von den vier größten Gewerkschaften als lesenswert empfohlen ...

Éric Morin, der Priester und Professor, der aufgeklärte Fromme und sich in den Medien mit Einmischende, liebt den heiligen Paulus. Im Seminar hat er den im Feuer Bekehrten Saulus entdeckt: den Leidenschaftlichen, den Menschenfänger, den Bedrängten, den Liebessänger, den Gefolterten, vor allem: den nichts anderes als Christus Verkündenden. Jetzt sprudelt es aus ihm heraus, Paulus ist der Mann unserer Zeit, der Türöffner zur Bibel im Licht des Kreuzes; wir müssen sie ganz lesen. Paulus hilft ihm entscheidend, der Jugend den gekreuzigten Jesus nahe zu bringen. Paulus lehrt uns den tiefen Sinn der christlichen Freiheit: entscheiden, wer wir sind.

Man mag schmunzeln, aber ich habe meine Pariser Nächte in einem Nonnenkloster verbracht. Oben auf dem Hügel von Montmartre, dicht am Westportal der Basilika von Sacré Coeur bei zwölf Schwestern im St. Benedikt-Priorat. Ein Reihenhaus in einem kleinen Sperrbezirk, die Gästezimmer fast wie im Hotel, dazu die liebenswerte Diskretion kontemplativer Frauen. Alle Freiheit neben dem Place du Tertre, wo die Maler vor ihren Staffeleien die japanische Kundschaft verführen; hoch über Moulin Rouge und Pigalle, doch um 22 Uhr schließen die Nonnen. Nur die Kapelle steht Tag und Nacht offen. Um acht liest ein betagter Priester die heilige Messe. Ein Halbrund aus weißen Steinen, die Apsis eine Säulennische. Als einzige Zugeständnisse der neoromanischen Wände an etwas Wärme die Marienikone und ein Strauß weißer Rosen. Doch griff der Künstler Jean Touret energisch ein: Feuriges Rot erhebt sich über dem Altartisch hoch hinauf vom goldenen Lamm bis zu den ausgestreckten Armen des nackten Gekreuzigten. Die neue Mutter, der neue Sohn. Es ist das Ende der Agonie, die Gesichtszüge bereits entrückt, unten die auf braunem Kupfer leuchtenden Köpfe der sich um das Kreuz drängenden Heiligen. Das monumentale Retabel ist eine Manifestation des anbrechenden Heils. Es stellte in diesem frommen Raum die dramatischen Prioritäten wieder her. Das Lamm und das Kreuz noch im Blut getränkt, doch schon erhebt sich der Aufblick der Erlösten. Die Schwestern im Rund singen von der Frühe bis zum Anbruch der Nacht das Lob des barmherzigen Gottes.

Die Straßen auf Montmartre sind eng, der Name wird vom lateinischen „Mons Martyrum" abgeleitet, dem Berg der Märtyrer. Die Legenden blühen, so soll der heilige Denis nach der Enthauptung auf dem Hügel seinen Kopf aufgehoben und zur aktuellen Basilika seines Namens getragen haben ... In dem ehemaligen Weindorf am Stadtrand von Paris ist auf den Steintreppen und in den Gassen ein Hauch von Mythos lebendig geblieben. An den Häuschen die Namen großer Kunst. Der zwergenhafte Toulouse-Lautrec durfte in den Cabarets die halbnackten Tänzerinnen aus intimer Nähe malen. Den armen Vincent van Gogh faszinierte die Mühle von La Galette. Cézanne wohnte zusammen mit Pissaro, bevor Picasso, Braque und Van Dongen die bildende Kunst ihrer Vorbilder auf den Kopf stellten. Furios, wie sich die im Absinth-Rausch schreibenden Dichter hingaben: Apollinaire oder der kleine Jude Max Jacob, der 1915 zum Katholizismus konvertierte und diese Wende in einer Vision festhielt: „Es war Gott, der kam. Welche Schönheit ... Er dreht sich um und ich sehe dieses friedvolle, strahlende Antlitz."

Es war die große Zeit der Bohème, die sich in den Cafés und Mansarden von Montmartre zu einer Kulturrevolution formierte. Umgeben von Säufern und übernächtigten Frauen galt die programmtische Losung „Armut, aber gelassen". Es galt nicht für die Ärmsten der Armen dieses Viertels, in dem der Schriftsteller Léon Bloy vergeblich sein Glück suchte. 1902 schrieb er in seinem Journal: „Lasst uns warten und hoffen. Seit ungefähr zwanzig Jahren mache ich nichts anderes." Er las die Mystikerinnen Anna Katherina Emmerich und Angela von Foligno, zwei Mal heiratete er Prostituierte, die der Tod dahinraffte. Kindssterben erschütterte ihn, die Freunde Jacques und Raissa Maritain und der Maler Georges Rouault bewahrten ihn vor dem Hungertod. Kafka, Jünger und Böll haben seine Bücher verschlungen. Und dann: welches Zeichen! Papst Franziskus erwähnte Léon Bloys radikale Worte am 14. März 2013 in seiner ersten Predigt im neuen Amt: „Wer nicht zum Herrn betet, betet zum Teufel." In einem Buch wird Bloy in deutscher und französischer Sprache neu entdeckt. Darin seine verzweifelten Worte: „Wenn man nicht zu schweren Verbrechen fähig ist, dann ist man auch unfähig zur Heiligkeit." Und: „Es gibt Menschen, die sind von ihrem Gebet wie von einem Blitz erschlagen worden."

Nachtgespräch mit der Pfortenschwester Marie-Sylvaine, die ihre Dienstzeit lächelnd überzieht. Um die vierzig, eine aufmerksame Zuhörerin mit klösterlichem Charme. Nichts, das sie überrascht, flugs antwortet sie mit biblischen Zwischenrufen. Hier an diesem Brennpunkt trat sie ein in die schwesterliche Gemeinschaft, weil es für sie „der Ort des Glücks" war, „der Rest wird geschenkt". In unmittelbarer Nachbarschaft zur Basilika von „Sacré Coeur" erlebt sie das Tag- und Nachtgebet unzähliger Menschen aus aller Welt. Sie ist nicht allein. Von den Künstlern ringsum bleibt Léon Bloy ihr nahe, der die Christus-Entdeckung des philosophischen Suchers Maritain bewirkt hat. Kunst sieht sie jeden Tag vor dem blutroten Altarbild von Touret. Für die Straßenmädchen unten in den Gassen hat sie einen milden Blick, die Kapelle ihrer Schutzpatronin, der hl. Rita, ist ein schöner Ort des Gebetes, „hier können sie dem Gott aller Barmherzigkeit begegnen". Die wichtigste Erfahrung der Schwester im schwarzen Schleier in diesem glühenden Milieu ist die Liebeserfahrung Gottes von Menschen, die „wie die Heiligen Drei Könige über einen anderen Weg zurückkehren".

*Vielleicht war es eine Gotteserscheinung, als wir in der inneren Wüste der ägyptischen Sketis den Einsiedler Abuna Makarios aufsuchten. Jahrzehnte hatte er in seiner Höhle an einem ausgetrockneten Salzsee, dem „leeren Meer", verbracht. Im Gebet, dem Bibelstudium und der Handarbeit lernte er tiefe Gelassenheit. Der Tränen schämt man sich bei ihm nicht. Er spricht vom Weltende und sagt, er kenne die Flüsterstimme Gottes. Für ihn zählt nur eins: „Der Herr, nichts als der Herr."*

## 22. Makarios und das leere Meer

Als wir auf der Wüstenstraße von Kairo nach Alexandria das Syrerkloster El-Suriani erreichen, lungert Soldateska hinter den Sandsäcken. Ein Offizier verlangt „im Namen des Gesetzes" unsere Papiere, es klingt drohend. So ist das in Ägypten nach den Mordanschlägen gegen koptische Kirchen. Erst der Mönch an der Klosterpforte befreit uns aus der misslichen Lage. Seitdem hebt der Wachsoldat jedes Mal die Hand zum Gruß.

Bald kommt die Nacht. Lange vor der Vigil liege ich schon wach. Milder Wind gleitet durch die offenen Fenster. Silberglanz der Palmen, Wüstengeruch, das Weite, das Reine. Tritt man in den warmen Bauch der Kirche, hocken da schon die in schwarze

Gewänder gehüllten Beter. Alles geschieht bar- und leichtfüßig auf Bastmatten, als beginne hier gleich vor der Heiligen Pforte ein uraltes Ballet. Auch den Fremden begrüßen sie mit einer kurzen, lässigen Handberührung. Der Zeremoniar geht rund und flüstert die Anfangsverse der Psalmen. Es sind mystische Codeworte für lange Runden durch die Nacht.

Die Texte flehen um Schutz vor dem ihre Zellen umschleichenden Feind. Die Dunkelheit sei nicht dunkel, nein, die Nacht strahle wie der Tag. Von tausenden Nächten singen sie, die nur wie eine einzige Wache sei. Und vom Kommen des sehnsüchtig erwarteten Herrn, alle bereit, ihm entgegen zu stürzen. Dann fallen sie zu Boden, nicht wie Erschossene, eher wie Sprinter dem Ziel entgegen. Weihrauchfässer zirkulieren vor den Ikonen der heiligen Väter mit Bärten bis zu den Knien. Dämmert der Morgen herauf, beginnen die Augen zu leuchten. Der Tanz vor dem Allerheiligsten wird schneller, Triangel, Schellen und Zimbeln geben den Rhythmus an. Da stehen sie, die Abunas, mit offenen Armen: Arsenios, Matta, Besarion, Antonios, alles Männer des Herzens, tolle Typen.

Zur Fahrt in die innere Wüste hat Abuna Mauritius den Geländewagen vorbereitet. Der australische Mönch ist ein Kerl wie ein Baum. Allradantrieb, Schutzgitter gegen Steinschlag, riesige Reserveräder und auf dem Dach eine ganze Batterie von Scheinwerfern, so starten wir zu den Wüstenvätern.

Es sieht aus, als zögen wir in einen Krieg, als rückten wir vor gegen die hinter dem Horizont verborgenen Dämonen. Doch außer Motorenlärm und hochwirbelndem Sand ist nur kilometerweite Einsamkeit.

Später kommen wir ans „leere Meer". Das ist jener dramatische Bereich, den die Väter, die hier in Höhlen gehaust haben, als „innere Wüste" bezeichneten. Es ist ein unheimlich wirkendes Tal, das Epizentrum uralter getrockneter Salzseen. Die Dimensionen kann man nur mit angestrengt zugekniffenen Augen wahrnehmen. Manchmal heult der Wind auf, als sei es noch nicht genug des furchtbaren Alleinseins, als rückten Rudel verwilderter Hunde und Hyänen heran. Es ist ein Wind trostlosen Schluchzens, der Totenklage. Doch was wissen wir schon? Wir werden ihn noch kennen lernen.

Hier ist die Landschaft des Unbehausten und Unbewohnbaren. Der Begriff „Anachoreten" meint ja jene Männer und Frauen, die vom sicheren Land, vom warmen Schutzgürtel der Städte in diese totale Leere ziehen. Das ist der umgekehrte Weg allen Lebens, hinein ins Ausgesetzte. Keine „arte povera" kann das Hier und Jetzt dieser Verlassenheit übertreffen. Keine Philosophie des abgeschafften Himmels, des gottesmordenden Nichts und keine Theologie vom Tod Gottes könnten der bösen Leere dieses Tales noch ein Argument hinzufügen. Hier hat sich vor 25 Jahren der Einsiedler Abuna Makarios eine Höhle gegraben.

Als wir mit unserem Riesenjeep vorfahren, lässt er uns trotz der wiederholten Rufe warten. Wir neigen schon dazu, die heilige Stille nicht weiter zu stören, als sich die Holztüre einen Schlitz öffnet und ein alter Mann heraustritt. Umarmungen, Bruderküsse. Auch uns, die Fremden, nimmt er in seine Arme und zum ersten Mal sehe ich dieses Gesicht, diese Augen. Es ist eine Landschaft der Güte. Etwas Urväterliches und zugleich Jungenhaftes. Tiefe Freude und ein unheimlicher Ernst. Das Gespannte schlafloser Nächte und eine männliche Kraft, die sogleich anpacken und die Gäste geziemend empfangen möchte. Er hat die Pranken eines Weltumseglers, doch zittern sie erregt, als er vor der Christus-Ikone eine Kerze anzündet. Seine Stimme kommt tief und fest, doch summt er Gebete scheu wie ein Kind, das sich nicht aufdrängen möchte. „In der Wüste spricht Gott im Flüstern", lächelt er, „so ist seine heilige Sprache gegen Wind und Sturm, seine Sprache die Nächte hindurch."

Vater Makarios hat Augen, mit denen man weinen möchte. Ich habe mich zu wehren versucht, aber blickt er dich an, beginnt es ganz tief zu rumoren. Mehr noch, du glaubst augenblicklich zu wissen, dass dies schon sehr lange hätte geschehen sollen. Du schleppst Angestautes und Verweigertes mit dir herum, das aus Abgründen hochsteigt, die du ignoriert hast. Die Last deiner Trauer ist schwer wie Stein, es ist höchste Zeit, sie zu zerbrechen und abfließen zu lassen. Noch ein kurzes Zögern und seine

Augen haben schon die feuchte Netzhaut des ersten Tropfens voraus. So, als wisse er alles, teile aber auch den Schmerz, der in diesem Augenblick nur noch ein halber, ein erträglicher wird. Wie viele Tränenspuren schon auf seinen bräunlichen Furchen? Wie viele Tränen im Sand dieser Höhle? Wie viel Schluchzen in den Nächten, in all den Jahren? Vielleicht ist das leere Meer gar nicht so leer.

Abuna Makarios ist ein unromantischer Mönch. Ernest Hemingway kennt er nur vom Namen, aber die Story vom alten Mann, der einen Riesenfisch angelt und nur noch dessen Skelett an Land zieht, hält er für eine „anständige Story". Doch seien in seinem leeren Meer keine Fische zu fangen, sondern bestenfalls zu „betrachten". Je tiefer, umso schöner. „Ichthys", Fisch, das sei ja der griechische Schriftzug für „Jesus Christus, Sohn des lebendigen Gottes, Erlöser". Nur ihm gelte hier alle Aufmerksamkeit: „Sonst geht man zugrunde."

Zu Beginn seiner Eremitenzeit hat er sich mit dem Eifer der Anfänger in den Kampf gestürzt. Mit nur zwei Stunden Schlaf glaubte er auszukommen. Ansonsten nichts als Gebet, Bibelstudium und Sandschaufeln. Altgriechisch hat er gelernt, er liest das Evangelium „im vollen Licht". Je nach Sonnenschein wechselt er seinen Leseplatz. Kommt die Dunkelheit, geht er nach draußen. Den Vorderteil seiner kleinen Höhle nennt er „Klausur", im anderen Bereich, kaum zwei Meter hoch, schläft er. Der Rest ist

Kochstelle, Werkstatt und Lebensmittellager für trockenes Brot, Linsen, Bohnen und Wasser. Nur ein einziger Mensch vermag sich darin zu bewegen. Aber zu glauben, dass diese Zelle ihn „alles lehrt", kommt ihm nicht in den Sinn: „Überall auf der Erde ist Platz für Gott, er ist für jeden Menschen überall zu finden. Man kann auch als Einsiedler die Ewigkeit verlieren. Es gibt viele Heilige in der Welt."

Sein Vorbild, der heilige Antonius, riet, mit den Dämonen „von Angesicht zu Angesicht zu kämpfen". Das Weltende sieht er schon in Umrissen. Der Spruch des heiligen Sisoes, das Ende komme, wenn sich die Bäume und Häuser den Einsiedeleien näherten, gehe bereits in Erfüllung. Doch werde er es selbst nicht mehr erleben, denn nach seinen biblischen Kalenderberechnungen soll im Jahr 2038 die Endzeit anbrechen ...

Abuna Makarios ist ein franziskanischer Einsiedler, überall das Ausgewischte, der letzte Platz, das ganz Einfache. Auf seinen abendlichen Wanderungen begleitet ihn ein Wüstenfuchs. Von einer giftigen Schlange behauptet er, die Stimme zu kennen. Alle Versuche, sie zu entfernen, sind gescheitert. Schließlich habe sie sich neben seinem Nachtlager zwischen zwei Hanfmatten verkrochen. Da habe er verstanden, dass sie nur „Geborgenheit sucht, dass sie nicht weichen will, dass sie sanft und treu ist". Manchmal findet er, „dass die Treue der Tiere wertvoller ist als die Treue der Menschen".

Als der Abend naht, erhebt sich im Westen des leeren Meeres ein Sturm. Zunächst am violetten Himmel dramatisch fliegende Wolkenfetzen. Dahinter eine finstere Front, wie eine aufmarschierende Armee. Die jungen Bäume am Rand der Höhle werden zu Boden gedrückt. Die Wäsche, die der Alte zum Trocknen hängte, reißt von den Drähten; ihr nachzueilen könnte tödlich sein. Das kleine Fenster und die Doppeltüre am Eingang der Höhle sind dicht verschlossen, aber es rüttelt und zieht daran, dass man sich fürchten muss. Dann kommt eine große Finsternis. Makarios greift ins Regal und beginnt unter der flackernden Kerze mit leiser Stimme aus der Bibel zu lesen. Wahnsinnig, während draußen der Sandsturm tobt, rezitiert er aus dem „Hohelied": „Wohin ist dein Geliebter gegangen, du schönste der Frauen? Wohin wandte sich dein Geliebter? Wir wollen ihn suchen mit dir." Seine Augen beginnen zu leuchten: „Wende dich, wende dich, Schulamit!" Der Sturm schlägt gegen die kleine Scheibe, der Einsiedler blättert in den Psalmen und liest mit tiefer Stimme: „Meine Seele erhebe sich zu dir, mein Herr du und mein Gott." Dann lächelt er, jetzt seien wir mit ihm „Gefangene Christi".

Der Herr, nichts als der Herr. Mit seinen stillen Antworten und Zeichen habe er all die Jahre, all die Winter, all die Stürme nicht nur überlebt, sondern sei darin erst erstarkt. „Glück, meine Lieben", sagt er mit seiner Trauerstimme, „ist überall da, wo wir

Christus entgegen gehen, er wartet auf uns. Lasst eure westlichen Köpfe beiseite, öffnet eure Herzen. Wir sind alle in einer Liebesgeschichte. Kehrt noch diese Nacht von Emmaus nach Jerusalem zurück. Wende dich, wende dich, Schulamit!"

Zum Abschied drückt er mein Gesicht in seinen Bart. Zu sagen, dass wir uns trennen, macht keinen Sinn. Wir bleiben ja nicht allein. Natürlich haben wir geweint. Aber der Wind aus dem leeren Meer hat unsere Tränen rasch getrocknet.

*Die Nacht in einem der strengsten Klöster der Welt bleibt unvergessen. Die verschneite Kartause von Sélignac im französischen Jura war ein Ort, wo Stille, Gebet und Gesang verschmelzen. Die einsamen Mönche sagen, an den Übergängen könne man das Flüstern Gottes hören. Seit tausend Jahren ist der Orden nie reformiert worden, es war nicht nötig. Es gibt eine seltene Form der Gottesnähe, der die bloße Wiederholung für das ganze Leben reicht.*

## 23. Winternacht in der Kartause

Ich muss gestehen, dass ich bei den Kartäusern von Sélignac gescheitert bin. Die Niederlage war vorgezeichnet und vollzog sich mit unerbittlicher Härte. Alles, innerlich und äußerlich, sprach gegen dieses Abenteuer. Das Kloster selbst stand vor der Schließung, zu große Strenge, zu viel Einsamkeit, das Schweigen für Novizen eine oft unerträgliche Last.

Pater Etienne wollte das mit der „Niederlage" nicht so stehen lassen. Postwendend erhielt ich einen seiner kurzen intensiven Briefe. Nein, davon könne keine Rede sein, mahnte er in seiner kernigen Kleinschrift. Ein Kartäuserkloster sei weder eine Fitnessinsel noch eine Heilanstalt für weltlichen Seelenschmerz. Er kenne Männer, die hier Jahre durchgehalten hätten, bevor sie über Nacht für immer verschwanden. Doch weigerte er sich, selbst die tragischeren Abschiede und Trennungen als Niederlage zu deuten. Was wüssten wir denn schon vom „Untergrund des Verlorenseins" und von den tiefen Absichten des „guten Hirten"?

Als ich vorfahre, war der Winter im Alpenvorland streng. Ein Augenpaar erscheint im Pfortenschlitz: „Kommen Sie, kommen Sie". Trotz der Eiseskälte trägt der Bruder nur eine dünne blaue Schürze über dem Habit. Er ist hager, höflich, aber kurz angebunden, nur keine Unterhaltung. Seine groben Züge gleichen denen eines Legionärs, später nenne ich ihn undankbar „das Verbrechergesicht". Er trägt meinen Koffer in die Zelle Nr. 16 im ersten Geschoss des Bruderhauses, wo die einfachen Nicht-Priester wohnen, die klösterlichen Handarbeiter. Steintreppen, karge weiße Wände, die Kälte erschreckend. Ein Bruder Marc hat bis letzte Woche diese Zelle bewohnt. Er wäre nach zwei Jahren Noviziat gerne geblieben, aber sein Körper hat sich an die langen Gebete der Kartäusernächte nicht gewöhnen können, diese jahraus, jahrein unterbrochenen Nächte. Die ständige Müdigkeit hat ihn umgehauen.

Die Zelle besteht aus Bettschrank, Tisch, Stuhl, Esstischchen, Betschemel und Bullerofen, von dem ein Kaminrohr zur Decke führt. Nebenan ein großer Raum mit Waschbecken, Holzvorrat, Sägemehl, Schaufel und Besen. Dann schlägt die Glocke.

Kein Zeichen, keine Einladung, vielmehr ein unausweichlicher Appell, der vibrierend durch die dicken Mauern geht. Der Bruder schlägt ein tiefes Kreuzzeichen und beginnt das Angelusgebet: „Der Engel des Herrn brachte Maria die frohe Botschaft ..."

Das Mittagessen muss ich in der Küche in einer Ecke des Innenhofs abholen. Im Vorübergang die Schatten zweier Brüder, die über der Ofenglut hantieren. Kapuzen und Bärte, schnell abgewandt. Die Brotration schneidet man selbst; wer Wein mag, nimmt ein Viertel Roten. Das Menü am Fensterbrett in der Zelle: Milchsuppe, Kartoffeln, Porreegemüse, Eierkuchen, zwei Äpfel. Reste darf man für den Abend aufbewahren. An den hohen Fenstern die graue Stille des Wintertages, in den Nischen der Kirchenwand gegenüber meine einzigen Nachbarn: Der Ordensgründer St. Bruno und die von den Mönchen als „einzigartige Mutter" verehrte Jungfrau Maria.

Die Winternachmittage in der Kartause sind von einer sonderbaren Kürze. Der Glockenturm zerhackt sie in kleine Teile wie Brennholz. Jede Viertelstunde schlägt sie an und signalisiert den Beginn des kleinen Marienoffiziums „de beata", das jeder Mönch allein in der Zelle rezitiert. Auch beten sie täglich das „Totenoffizium". Das sind einsame, lautlose Ouvertüren der eigentlichen Stundengebete. Die Vesper, ursprünglich die Zeit des

„Kerzenanzündens", findet bereits um 15 Uhr statt. Danach bricht im Vorgebirge schon das Licht, vor allem an Nebeltagen, die im Februar kein Ende nehmen. Rings um das Kloster mit seinen Einsiedlerhäuschen am „großen Kreuzgang": Felsen, Tannen, Schnee. Manchmal fühlt man sich im Nebel wie in einem Loch, wie in einer Falle, doch dann folgt die Belehrung, Nebeltage seien wie die Seelen der Kartäuser, verborgen in einem langen, illusionslosen Kampf. An solchen Tagen beginnt kurz nach vier Uhr nachmittags schon die Nacht.

Zuvor kommt noch der Prior zu Besuch. Sein entschlossener Schritt nähert sich über die Steingänge. Klack, klack. Ein kurzes Klopfen, seine feste Hand. Er ist Spanier, sein Französisch erfinderisch. Er will nur sagen, dass er mir alle Freiheit lässt, auch erhalte ich den geheimnisvollen Sonderschlüssel, der in den Sperrbezirken fast alle Türen öffnet. Viele Fältchen um seine Augen, wenn er lächelt, auch rote Ringe, Asketenrot.

Der kleine Kartäuserofen steht auf dünnen Beinen fast zu ebener Erde. Ein bisschen Papier, zwei Handvoll Sägemehl und darüber die Holzscheite. Öffnet man den Kaminzug, schlagen die Flammen wie Trommeln gegen die Gusswände. Durch die Schlitze und Ritzen flackert es lichterloh über den Holzboden. Im Reich der Kälte ist das eine solidarische Nähe. Die blubbernde Glut macht die Zellenwüste plötzlich häuslicher.

Zwei Bücher habe ich in meinem Buchgepäck: Guardinis „Der Herr" und van der Meer de Walcherens „Das weiße Paradies". Die wichtigsten Passagen passen in die Stille Gottes, es sind ungeschriebene Zeilen, Einfälle von oben, Geschenke nach langem Ringen, starke Zeichen gegenüber der Indifferenz vor dem österlichen Kreuz. Guardini ganz leise, wie eine geheime Mitteilung: „... jenes Du, das dein tiefstes Ich meint, ist Er." Van der Meer will Gott in der Wüste zugleich als Geliebten und Gekreuzigten ertasten und erkennen. Beide unterwegs im tiefen Schweigen, wo Gott ganz leise spricht.

In der tiefen Dunkelheit dringen dumpfe Glockenschläge und Schritte in das Niemandsland meines Halbschlafs. Zunächst ein trockenes Klopfen, dann eine tiefe Männerstimme, „Dominus vobiscum", ich antworte erschrocken und springe aus der Bettengruft ans Wasserbecken. Schwache Lichter auf den Gängen, man wagt kaum aufzutreten. Die Kälte draußen ist schneidend, das Thermometer sank auf minus 22 Grad. Aber sie belebt, hellwach öffne ich die Tür zum Mönchschor.

Es ist kurz vor Mitternacht und ein Moment großer Spannung. Die Kartäuser betreten einzeln die Kirche, verbeugen sich vor dem Altar und reichen einander den auf- und abbaumelnden Glockenstrang. Jeder zieht mit einer Hand eine Weile daran und gibt ihn wie in einer Seilschaft weiter. Alles geschieht entschlossenen, fast sportlichen Schrittes. Zum ersten Mal sehe ich die Gesichtszüge der Mönche unter den spitzen, weißen Kapuzen. Bisweilen die Spur eines Lächelns. Hohle, blasse Wangen, drahtig, dann wieder kindliche Sanftmut. Mit zwei, drei geübten Handgriffen öffnen sie die großen Antiphonare ins spärliche Licht. Die alten Bücher haben Eisenverschlüsse wie zum Bewahren von Schätzen. Das Wort, das Wort. Halbdunkel, Halbschatten, hier ist eine große Vertrautheit mit der Nacht.

Dann eröffnet der Prior mit einem harten Klopfen das Nachtoffizium. Nur die Kälte ist geblieben, doch sie gehört existenziell zum Ritual dieser extremen Stunden. Sie nistet tief im schmucklosen Gemäuer dieser Kirche und ist aufgeladen mit reinigender Kraft.

Als der Gesang anhebt, wirkt es wie ein Schock, man staunt ungläubig. 20 Männerstimmen, die um dringende Hilfe und gnädigen Beistand flehen. Gregorianischer Choral aus frühester Zeit, den sie ohne instrumentalen Anstoß leise und langsam singen. Aus der tiefen Stille tretend, gelingt es ihnen im fliegenden Wechsel die Stille mit anderen Mitteln fortzusetzen. Nie zuvor habe ich verstanden, dass der gregorianische Gesang nicht nur eine Hymne an die Stille ist, sondern in ihr wurzelt, in sie zurückfließt. So wie die Wüstenväter das Schweigen als die „Sprache der Engel und der zukünftigen Welt" betrachteten, offenbart diese Nacht eine mysteriöse Verwandtschaft zwischen Gesang und Stille. An ihren Übergängen flüstert Gott.

Nichts, dass den Fluss dieses Ablaufes stören könnte oder aufhalten könnte. Eine besondere Haltung der Hingabe ist die „Prostration", ein Sich-Hinwerfen, Sich-Hinstrecken, Im-Boden-Versinken, das in der Enge zwischen der Rückwand des Chores und dem Bücherpult in einer sonderbaren seitlichen Krümmung geschieht. Man muss sich erst zurecht finden, doch dann liegen wir alle, wie die Lemminge, flach auf den blank getretenen, kalten Holzplanken.

Psalmen, Hymnen und Lesungen folgen der saisonalen Dramaturgie des Kirchenjahres. Dann fallen Worte, die wie Axthiebe die Stille durchschneiden. Das Licht fällt gebündelt auf die gelblichen Seiten der Bibel. Paulus an die Korinther: „Jetzt sehen wir wie durch einen Spiegel, rätselhaft, dann aber von Angesicht zu Angesicht." Nach zwei Stunden empfinde ich erstmals tiefe Dankbarkeit. Keine größere Nacht in meinem Leben, mehr möchte ich nicht sagen.

Einige Tage später habe ich die Kartause von Sélignac verlassen. Als Gast durfte ich nicht am gemeinsamen Sonntagsessen teilnehmen, in der Ereignislosigkeit traf es mich schmerzlich. So bin ich hinausgestürzt, abgehauen. Gescheitert beim Versuch, meine kleinlichen Abgründe an ihrem Abgrund zu messen. Hin und wieder nehme ich den Brief von Pater Etienne und lese, noch immer fasziniert, seine Zeilen der Ermutigung. Es ist schon Jahre her, der Mönch ist gestorben, die Kartause verlassen. Aber es gibt Zeiten, an denen ich zum nächtlichen Himmel aufblicke und mir die Sterne von Sélignac ganz nahe sind.

*Der Mönch Charles Dumont ist mit 91 Jahren in der Frühe des Weihnachtsfestes 2009 in der belgischen Trappistenabtei Scourmont gestorben. Dieses Datum konnte für ihn nicht symbolischer sein. Während seines langen Lebens hatte ihn die Geburt Jesu immer wieder fasziniert. „Meine Lebensreise läuft in Christus auf Gott zu", sagte er. Die Werke, die er hinterlassen hat, sind die eines Beters, eines Philosophen und Dichters. Über seine Gottesbeziehung in der Stille des strengen Klosters schrieb er: „Ich sehne mich nach ihm jenseits all meiner Sehnsucht, er, der allein mein langes Warten erfüllen kann." Père Charles war mein väterlicher Freund.*

## 24. Am Grab des Freundes

Die Schönheit der Menschwerdung zu Weihnachten bezeichnete Père Charles als „ein Augenzwinkern Gottes". Das war seine Art, den Tiefgang seiner Kontemplation mit einem poetischen Handgriff seinen Freunden, Lesern und Zuhörern nahe zu bringen. Die plötzliche Redewendung, der überraschende Vergleich passten zu seiner kleinen schwächlichen Gestalt, manchmal verglich sich der Herzkranke mit einem „Vögelchen", doch hatte er den Atem, die Vögel zu bewundern und ihnen zuzuhören.

Diese Sensibilität ist in seinen Schriften gleich spürbar, seine Gedichte stammen aus einer nachdenklichen Inspiration, er nannte sie „Vorboten des Gebetes". Sie tragen Titel wie „Die Gnade, besiegt zu sein" oder „Zehn Gesänge vor Tagesanbruch". In seinen Studien schafft er es in spielender Leichtigkeit, die mittelalterliche Theologie des heiligen Bernhard von Clairvaux mit Zitaten zeitgenössischer Denker wie Sartre oder Heidegger zu interpretieren. Das alttestamentarische „Hohelied", ein ergreifender, unaufhaltsamer Liebesgesang, war sein großes Thema. Er hat es durchlebt, durchzittert.

Statt eines angekündigten Vortrags an der Universität von Neu-Löwen sandte er mir „Notizen aus der Einsamkeit", es war seine überraschende Weise, sich im akademischen Disput nicht zu verlieren, er wollte „brennen". Mich, den viel Jüngeren, nannte er „lieber Bruder, lieber Freund". Seine Schrift war von Krankheit und Alter gezeichnet. Zerbrechliche spitze Federstriche, seinen Namen hat er vergessen oder ausgelassen. Père Charles Lebenserfahrungen sind die des 20. Jahrhunderts, politisch bewegte Jugend in der Brüsseler Zwischenkriegszeit, Militärdienst, Fronteinsatz, Tod der Mutter, große Erschütterung und Eintritt in den strengen Trappistenorden. Der Schmächtige leidet bei der Feldarbeit und studiert nach dem Nachtoffizium die heiligen Väter.

Die französische Fassung meines von Heinrich Böll gelobten ersten Romans „Der Mittagsdämon" hat er bald weggelegt und ein Plädoyer gegen „konstruierte literarische Wahrheiten" gehalten. Nüchtern weist er mich zurecht: „Die Realität ist immer stärker." Mehr interessierte ihn die gerade bekannt gewordene Liebesgeschichte zwischen dem Konzilstheologen Karl Rahner und der Schriftstellerin Luise Rinser. Er nahm sie zum Anlass, über Mystik und Eros zu sprechen und zugleich offen über sich selbst, versunken zwischen Körper und Seele. Die Spannung der Beziehung zu einer Ordensschwester hat ihn überfordert, sein verwundetes Herz rebellierte. So zog er sich in die Einsamkeit eines Bergklosters zurück. Nur noch allein sein, Gott zuhören und heilen: „Ich wollte erfüllt sein von der Zärtlichkeit Gottes, der mir verzieh. Dem Herrn folgen, wie er in der Liebe leben. Maranatha. Ich höre dich kommen."

Als ich wissen will, wie das gelingen kann, lächelt er illusionslos: „Selbst in meinem Alter ist er noch immer da, dieser durch verfälschende Sehnsucht korrumpierte Mensch. Es gilt, immer von neuem zu beginnen; das ist nur möglich durch die Rückkehr zu sich selbst. Ich tiefer als ich selbst, mehr Intimität als mein Allerintimstes." Sein Entschluss ist mehr Stille, innerlich und äußerlich, noch mehr Einsamkeit. Er wünscht sich, dass der Schleier zerreißt, hinter dem sich die spirituelle Wirklichkeit verbirgt. Dann folgt wieder einer seiner kurzen Paukenschläge: „Jenseits der Mauer befindet sich jemand, wir werden erwartet."

Die Idee verfolgt ihn weiter durch Höhen und Tiefen, das Winterende gilt für den Geist, „nicht für das schwere Fleisch der Sünde". Er liebt den großen Klosterpark, immer wieder gehen wir langsam unter den alten Bäumen. „Diesseits der Mauer ist noch immer Winter", sagt er, „das Leben ist ein langer Winter." Die Krankheit, die Atemnot, die schnellen Herzschläge haben ihn sein Leben hindurch begleitet, er musste physisch und moralisch leiden, und zitiert Paul Claudel, „mit einem Lächeln auf unserem Kreuz sterben". Er spricht es nicht klagend: „Aber, wenn Gott sterben wollte, wäre der Tod göttlich." Das unausweichliche Ende möchte er als eine Gnade empfinden: „... das bisschen Leben, das mir bleibt, zu verlieren und diese Zeit als eine Saison der Lieder zu verstehen ... Möge das Leben vorübergehen und Gott es für uns regeln ... Um gerettet zu werden, muss man verloren sein."

Der gute Alte schämt sich nicht, in der Verlorenheit gelebt zu haben. Er liebt den 129. Psalm, als sei er ausdrücklich für ihn geschrieben worden, es ist ein Nacht-Thema in der Bibel: „De profundis, aus der Tiefe rufe ich Herr zu dir ... Meine Seele wartet auf den Herrn mehr als die Wächter aufs Morgenrot." Bereits im Noviziat hat er diese Verse, wie in einer Vorahnung, auswendig gelernt. Sie erinnern ihn auch an die Nachtwachen im Krieg: „Würdest du, Herr, unserer Sünden gedenken, Herr, wer könnte vor dir bestehen." Doch er selbst gedenkt seiner Sünden, dann schweigt er lange und sagt: „Du weißt was ich meine."

Er will nicht aufhören, in der tiefsten Tiefe für sich selbst zu kämpfen, um „die alten Knochen", die unsere Seele mit tausend Gedanken belasten, „zum Schweigen zu bringen". Das hieße, in das Schweigen eintreten, zu hören, wenn es zu ihm flüstert. Was war mit der Frau, was hat sie ihm im Mönchsleben bedeutet, wie hat er sich die Geschichte aus der Seele gerissen? Die Poesie, auf deren Tasten er leise spielte, hat ihm geholfen, er sagte: „Vor allem in den Pausen." Wieder ist Claudel sein Rat- und Antwortgeber, er war ergriffen „von der wiederhergestellten Schönheit der durch die Gnade erstrahlenden Frau". Leise fügt er hinzu: „In den Armen Marias heilen wir." Dann schöpft er Mut bei einem viel jüngeren Trappisten, Frère Christophe, Mönch und Märtyrer aus dem algerischen Atlas-Kloster in Tibhirine, ebenfalls ein Dichter, der schrieb: „Jesus, ziehe mich in die Freude der gekreuzigten Liebe."

Oft hat mein alter Freund die Briefe der heiligen Therese von Lisieux gelesen, die sich mit einem kleinen Ball verglich, den Gott zum Spielen benutze. In den Augen der Welt ist das Wahnsinn, aber es ist der Wahnsinn der Liebe. Charles nennt ihn „nüchterner Rausch". Alles aufgeben, nur noch ihm, dem flüsternden Gott lauschen. Claudel erzählte die Geschichte von dem Verehrer einer Frau, der behauptet hatte, jetzt zu wissen, was die Liebe sei, und erhält von ihr zur Antwort: „Aber mein armer Herr, es kommt nicht darauf an zu wissen, sondern das Bewusstsein zu verlieren."

Im Advent 2009 hat die Krankheit ihn wieder ans Bett gefesselt. Doch sagt er, dass seine Einsamkeit, die Suche nach Gott und sein Frieden unbehelligt seien. Er bittet mich, näher an sein Kopfkissen zu rücken: „Ich sehe jetzt klarer, was mich belastet, es ist mein vergangenes Leben, die fortdauernden affektiven Leiden, die Evasionen, die meine Seele am meisten verwirrt haben." Eine Träne in seinen Augen, morgen wird ihn der Vater Abt besuchen, er wird eine Generalbeichte ablegen.

Einige Tage später erhalte ich einen Brief aus Scourmont, seine Kritzelschrift schlimmer denn je, nur drei Sätze: „Ich habe Vater Abt mein Herz geöffnet, wir haben uns verstanden. Es war eine große Freude, die ich nicht mehr für möglich gehalten habe: Gott bleibt treu."

Als die Krankheit zunimmt, muss er an seine Mutter denken, die vor 70 Jahren, im Dezember 1929 verstorben ist. „Ich liebe dich, ich sehe dich und bete zu dir. Werde ich dich bald wiedersehen? Alles ist vorbereitet. In Dankbarkeit." Den Entwurf seines Vortrags zum Thema „Der Mensch in der Prüfung des Schweigens Gottes" an der Freien Universität Brüssel hat er längst beiseitegelegt. Viel zu müde, zu alt. Im Zentrum sollte stehen, dass Gott geduldig ist und dass es Zeit braucht, das zu begreifen.

Er hat mir ein Fragment des Manuskriptes noch geschickt: „Als er, den ich fern glaubte, zu mir kam, begriff ich, dass er schon immer da war. In stiller Liebe und Güte für mich, mir die Freiheit lassend."

Letzten Herbst habe ich das Grab von Père Charles nach langen Jahren noch ein Mal besucht. Ich bin eigens nach Scourmont gefahren, wie aus einem spontanen Antrieb. Im Park der Abtei wählte ich den langen Weg, der vom Portal der Abteikirche zum Friedhof an den Feldern führt. Wir sind ihn zusammen oft gegangen und er lächelte stets: „Hier wird man mich eines Tages hinauftragen." Sein Grab liegt direkt am Eingang, als komme er schon dem Besucher entgegen. So war er immer, etwas aufgeregt bei der ersten Umarmung. Neben hohen Zypressen, den Wächtern des Todes, ein kleines schwarzes Eisenkreuz, so wie die der hundert verstorbenen Mönche ringsum. Im bloßen Ordenskleid hat man ihn hier in die Erde gesenkt, er muss federleicht gewesen sein. Weihrauchwolken waren in der kalten Luft und der Choral der Mitbrüder, sie sangen die Engel Jerusalems herbei. Dann verschwand sein Gesicht unter der braunen Erde. Am Boden wachsen jetzt etwas Buchsbaum und Heidekraut. Ich habe drei weiße Rosen zu seinen Füßen gelegt und mit einigen Buchenblättern das Kreuz geschmückt. Wie lange ich geblieben bin, weiß ich nicht mehr. Als ich ging leuchteten über seinem Grab die herbstlichen Blätter rot und gelb wie ein Feuer.

*Zum Schluss:*

## 25. Die heilige Stille

In den Monaten der Corona-Seuche fielen auch bei uns viele Gottesdienste aus, während die Kirchen weiter offenstanden. Es war eine sonderbare Situation. Die Menschen schauten mit einem skeptischen Staunen auf die geöffneten Portale, selbst manche, die nie ein Gotteshaus betreten, vermuteten hier so etwas wie eine Zuflucht, so wie früher in Festungskirchen, die der Bevölkerung bei Kriegen und Seuchen Schutz boten. Heutzutage kennt man dies bei politischen Zwangsmaßnahmen als „Kirchenasyl", eine letzte Instanz der Schutzsuche vor dem Zugriff des Staates.

Es gibt auch eine spirituelle Art des Asyls, der rumänische Dichter Ion Allesandrou träumte davon, unbemerkt eine Nacht unter den Goldmosaiken der Hagia Sophia zu verbringen. In Taizé sah ich hunderte Jugendliche, die in Schlafsäcken eingelullt in der Friedenskirche schliefen und beteten. Meine Frau und ich wären fast versehentlich in der burgundischen Abteikirche des heiligen Philibert in Tournus vom Pförtner eingeschlossen worden. Plötzlich allein unter romanischen Rundbögen, letzte Kerzenstümpfe vor der Statue Mariens, leuchtendes Silber am Tabernakel des Künstlers Goudji.

Als Journalist habe ich in den Sterbestunden mehrerer Päpste auf dem Petersplatz ausharrende Beter gesehen: Junge Schwestern und Brüder aus der Gemeinschaft von Charles de Foucauld, Afrikaner, deren Finger vorsichtig eine Buschtrommel berührten, Frauen mit Rosenkranz aus dem Nachbarviertel Trastevere, Behinderte, die sich im Rollstuhl unter das erhellte Fenster im dritten Stock schieben ließen, in dem der Heilige Vater im Sterben lag. Das spontane Wachen war so eindrucksvoll, dass es zu einem Ritual wurde. In den Nächten vor der Beisetzung ließen sie den im Inneren der St. Petersbasilika aufgebahrten Papst nicht allein. Während des Requiems draußen auf dem Petersplatz spielte der Wind mit den Blättern des auf dem Sarg liegenden Evangeliars. Ich habe dieses Bild nicht vergessen: Angesichts des Todes wehte der Geist, wo er wollte, die Ewigkeit ein Spiel.

Die Kirche fand zur jahrtausendalten Gebetsform der Vigil, der nächtlichen Wache zurück, die nur noch in den strengen kontemplativen Orden der Kartäuser und Trappisten gepflegt wurde: dem Nachtoffizium, das an Festtagen in drei „Nokturnen" eingeteilt war und bis zum Morgengrauen andauerte. Die Klosterglocken in der Mitte der Nacht zu hören, hat etwas Erschütterndes. Es ist ein Appell, der die große Stille überfällt. Unverzüglich, so als herrsche Ausnahmezustand, eilen die Mönche in die Kirche. Ich stand im Gästeflügel der Abtei

Mariawald am Fenster und sah gegenüber auf den weißen Wänden ihre überlebensgroßen Schatten, ein Vorübergang hinab in die dunkle Kirche, etwas furchterregend.

Bei den Zisterziensern gab es dafür eine eigene steil absteigende Treppe, die vom gemeinsamen Schlafsaal direkt in den Chor führte. Es galt keine Zeit zu verlieren. Dieser Aufbruch erinnert an die entscheidende Stunde im Garten Getsemani, als der bald den Schergen ausgelieferte Herr seine schlafenden drei Freunde fragte: „Konntet ihr nicht einmal eine Stunde mit mir wachen?" (Mt 26, 40). Die nächtliche Vigil der Kartäuser verläuft dramatisch. Sie beginnt um Mitternacht, die Einsiedler kommen aus ihren Zellen über den Großen Kreuzgang in die Kirche. Hier wird die Glocke geläutet, jeder zieht den Strang und reicht ihn dem nächsten weiter. Es ist wie ein hastiges Anpacken auf einem in Seenot geratenen Segelschiff. Bald kommt der Herr über das Wasser (Joh 6,19). Der gregorianische Nachtgesang der Kartäuser ist der älteste, den die Kirche kennt. Er kommt leise und langsam, als würden sie eine erschütternde Geschichte erzählen. Sie ist nur wenig vernehmbarer als die Stille.

Auf den Weltjugendtagen hat man diese Vorbilder beherzigt und die Nacht zum Tag gemacht. Die Stunden ihrer Partys, Feste, Songs und Tänze werden jetzt zu einer tausendfachen Stille, die kaum überzeugender sein kann, wenn sie jungen

Menschen gelingt. Papst Benedikt XVI. hat diese Nachtgebete der Jugendlichen begleitet. Da war nach dem Lärm des Tages plötzlich eine andere Form der Gemeinschaft, die zu Beginn der Nacht des 16. August 2005, draußen auf den Wiesen vor Köln, schockartig größer wurde, als der Papst verkündete, dass in Taizé der große Freund der Jugend, Frère Roger Schutz, mit einem Messer tödlich niedergestreckt worden war. Jetzt herrschte Totenstille.

Einige Monate zuvor hatte ich Frère Roger in seinem Arbeitszimmer gegenübergesessen. In der Dämmerung die Weinberge des Maconnais, Herbstregen. Es wurde spät an diesem Abend und er flüsterte, dass er meinen Lebensschmerz zwischen Mönchtum und dem ‚Plaisir draußen' gut kenne. Wir beteten vor der Ikone auf dem Kaminsims den Angelus. Zum Abschied hielt er lange meine Hand und sagte, „spät, vielleicht sehr spät". Dann habe ich geweint.

Auf dem Berg Athos, dem Heiligtum der Orthodoxie in Nordgriechenland, wo 2000 Mönche und Einsiedler in strenger Abgeschiedenheit leben, dauert das Mitternachtsoffizium bis zum frühen Morgen. Vor den Heiligenfresken in der Kirche brennen die ersten Kerzen. Die Athos-Mönche sind in die Nacht verliebt und in den Stunden der Dunkelheit ihrem flüsternden Gott am nächsten. Der von ihnen besonders verehrte heilige Isaak der Syrer vertraute ihrem Herz eine persönliche Erfahrung an:

„Die Stille ist die Sprache der Engel und der zukünftigen Zeit."

Kurioserweise hat die heutige, oft gottabgewandte- oder vergessende Zeit ein besonderes Interesse für Engel entwickelt. Sie wirken mit ihren großen Flügeln als schnelle Boten Gottes, als Geheimnisträger und Vermittler. Sie kommen auf den leisen Sohlen der stillen Beobachter und Beschützer. Ihre Offenbarungen beschränken sich auf das kurze Wesentliche. Die Kunstgeschichte und die Literatur haben sich an ihnen berauscht. Im Jakobskampf haben sie ihre Stärke bewiesen, in der Heiligen Nacht den Frieden bejubelt, im leeren Grab die Stille des Todes bewacht, sie waren das Geleit des auferstandenen Christus. Auf dem Genter Altar sind sie mystische Zauberwesen. Der Engel der Verkündigung aus dem Dominikanerkloster San Lorenzo in Florenz ist das herausragende Meisterwerk von Fra Angelico. „Wer seid ihr?", fragte Rainer Maria Rilke in den „Duineser Elegien" den Erzengel „hinter den Sternen". Johann Sebastian Bach komponierte „Engel bleibt, bleibt bei mir". Im „Stern der Ungeborenen" von Franz Werfel erschienen Engel. Es waren Engel, die im Film von „Der Himmel über Berlin" schwebten.

Manchmal glaubt man, dass die hoch schwebende Leichtigkeit der Engel mit dem Tiefgang der Stille kontrastiert, dass sie diese nicht mehr erreichen. Und doch sind sie auch Meister der tieferen Schichten der Seele. In den abendländischen

Kathedralen ist dieses Phänomen greifbar, man tritt ein und erfährt es wie ein Vorübergang des Heiligen. An der Universität Löwen war ich kein eifriger Student und flüchtete manchmal, wie zum Schutz, in das Dunkel der St Pieters-Kirche. Ganz matt die Geräusche draußen, einige betagte Frauen am Kerzenstand. Unten tief hinter einer Säule versteckt spürte ich die vorauseilende Sorge, dass ich, bevor die wilde Nacht begann, den Versuchungen wieder nicht standhalten würde. Und doch war Trost.

Auf meinen Frankreichreisen erfuhr ich, dass die Stille der Kathedralen bis in die letzte Dorfkirche reicht. Man stelle sich vor, all die hunderttausend leeren Dorfkirchen, in denen das rot glühende Ewige Licht schon längst erloschen ist. Doch blieb immer so etwas wie eine Anwesenheit. Die Steine haben die Gebete aufgesogen.

Aus dem Leben des heiligen Pfarrers von Ars, Jean Vianney, wird eine schöne Geschichte erzählt. Während der Priester schon in der Frühe in seinem Beichtstuhl Platz nahm, beobachtete er vor dem Allerheiligsten tagtäglich einen Bauern aus dem Nachbardorf. Still kniete er da, ins Gebet versunken. Als der Pfarrer ihn eines Tages fragte, was ihn dazu bewege, jeden Morgen in die leere Kirche zu kommen, erhielt er zur Antwort: „Er hört mich und ich höre ihn."

In Ars habe ich letztes Jahr diese Atmosphäre nachempfunden. Im kleinen Museum standen im

Schlafzimmer des Pfarrers seine klobigen Schuhe unter dem Bett, auf dem Nachttisch lag aufgeschlagen die „Nachfolge Christi" von Thomas von Kempen. In einem Seitenaltar der Basilika ruhte der einbalsamierte Heilige, seine Finger um einen Rosenkranz gekrallt, im schwarzen Ornat des ärmlichen Landpfarrers. Das Gesicht gelblich, weit weg, als ließe er sich in diesem Glaskasten nicht festhalten.

So habe ich langsam erfahren, dass die Stille zu hören ein jedem zugängliches Geheimnis ist. Es entspricht den großen schöpferischen Pausen des Lebens. Sie bewirken so etwas wie eine Verklärung der Wirklichkeit. So, wie sie Christus erlebte (Mk 9, 2), als er sich mit drei Freunden auf dem Berg zurückzog und in das blendende Licht seines Vaters trat.